高职高专经管类专业"十三五
GAOZHI GAOZHUAN JINGGUAN LEI ZHUANYE SHISA

国际商务业务实操

GUOJI SHANGWU YEWU SHICAO

- ■ 主 编 殷秀梅
- ■ 副主编 刘向春 向宇翔
- ■ 参 编 成 浩 赵红梅 李 军 刘 芳 李 敏

重庆大学出版社

图书在版编目(CIP)数据

国际商务业务实操 / 殷秀梅主编.-- 重庆:重庆
大学出版社,2018.2(2023.8 重印)
高职高专经管类专业"十三五"规划教材
ISBN 978-7-5689-0980-8

Ⅰ.①国…　Ⅱ.①殷…　Ⅲ.①国际商务—高等职业教
育—教材　Ⅳ.①F740

中国版本图书馆 CIP 数据核字(2018)第 001629 号

高职高专经管类专业"十三五"规划教材
国际商务业务实操
主　编　殷秀梅
策划编辑:沈　静

责任编辑:杨　敬　吴　薪　　版式设计:沈　静
责任校对:张红梅　　　　　　　责任印制:张　策

*

重庆大学出版社出版发行
出版人:陈晓阳
社址:重庆市沙坪坝区大学城西路 21 号
邮编:401331
电话:(023) 88617190　88617185(中小学)
传真:(023) 88617186　88617166
网址:http://www.cqup.com.cn
邮箱:fxk@ cqup.com.cn（营销中心）
全国新华书店经销
POD:重庆市圣立印刷有限公司

*

开本:787mm×1092mm　1/16　印张:13.5　字数:313千
2018 年 2 月第 1 版　　2023 年 8 月第 3 次印刷
印数:6 001—6 500
ISBN 978-7-5689-0980-8　定价:35.00元

随着全球电子商务发展、服务创新和人员流动，国际贸易门槛大大降低，全球商品自由流动的程度加大，越来越多的传统贸易企业正在转型升级，"互联网+"背景下的跨境电子商务成为国际贸易的新方式。随着越来越多的跨境电商平台诞生，产生了较大的相关专业人才需求。

本书的编写分为3个部分：B2B出口贸易篇、B2B进口 ，B2C跨境电商篇（以速卖通为例）。本书的作用是为各类企事业 ，在阿里巴巴、中国制造网等B2B网站，又能够在速卖通、e   上开展国际贸易活动的复合型技能人才。具体要求是学习 商操作实务、跨境电子商务平台操作、网络营销推广、产品管   转化、关键词采集和分析、国际客户挖掘、客户关系管理等实   业层次和就业质量。

本书以"互联网+外贸"新型外贸方式中的外贸业务员 需要为目标选取教学内容，按照阿里巴巴B2B平台外贸出口流程、进口流程、速卖通B2C跨境电商平台中各时段外贸业务员的典型工作任务分为10个实操跟学项目，前6个项目中的每一项目下细分为工作情景、任务布置、课前学习任务、课上操作任务和模拟操作模块，根据学习需要，在有的项目中加入了知识链接和知识拓展内容。

本书采用以外贸业务员岗位真实工作任务为载体的表现形式，强调学生"跟学做"的作用，使学生在"跟学做"的实践中，获得实践技能。

本书适合作为高职高专院校国际商务类和商务语言类专业的B2B外贸业务和B2C跨境电商实训课教材、外贸业务员考证辅助教材、湖南省教育厅国贸专业技能抽测外贸业务模块辅导教材，也可供国际贸易从业人员作为参考资料使用。

本书主编殷秀梅老师是湖南外国语职业学院经贸教研室主任、国际贸易专业负责人，曾在湖南省金环进出口公司从事外贸业务员工作，有10多年传统外贸实战经历，3年多跨境电商销售经历，10多年国际商务职业教育教师经历。本书由刘向春和向宇翔老师担任副主编，由成浩副教授和赵红梅、李军、刘芳、李敏4位老师担任参编，原湖南省金环进出口总公司部门经理李明和外贸业务员肖龙祥担任本书企业顾问。

本书在编写过程中，参阅了大量著作，得到了外贸从业人员的支持，也得到了很多领导和同事的无私帮助，谨在此表示最衷心的感谢。由于编者水平有限，时间仓促，错漏之处在所难免，恳请各位专家和读者批评指正。

编　者
2018 年 1 月

B2B 出口贸易篇

B2B 出口贸易篇

项目 1 出口前准备

【工作情景】

姚石从某高职院校国际商务专业毕业后,如愿进入一家流通型外贸企业——湖南华兴进出口有限公司,成为一名外贸业务员。到公司报到的第一天,刘方俊经理对她说:"你先熟悉一下公司的情况,然后告诉我出口前需要做哪些准备工作。出口前的准备工作是出口业务活动的第一步,充分有序的出口准备工作有利于后期出口业务活动的顺利开展。"

【任务布置】

1. 认识出口贸易。

2. 掌握相关对外贸易政策及措施。

3. 选择贸易方式。

4. 熟悉产品。

5. 了解市场状况。

6. 办理相应的注册和登记手续。

7. 寻找客户并与客户建立业务关系。

8. 展销会。

9. 网络营销。

10. 进行出口报价核算。

【操作提示】

1. 了解出口贸易的特点和性质,比如,什么是过境贸易?什么是转口贸易?贸易赤字、贸易条件恶化的意义是什么?

2. 公司要进行进出口贸易,是否需要办理一些手续以具备相应的资格?

3. 如何寻找国外贸易伙伴,如何与他们建立业务关系?

4. 出口前是否应熟悉出口业务的流程?

5. 出口前是否应初步确定贸易方式?

6. 为了在贸易中占据主动,取得尽可能大的利润,是否需要掌握国际市场环境状况、进出口贸易额、进出口贸易国别和地区分布、主要交易港口状况、国际收支状况、相关贸易政策?是否应预先进行价格核算?

【课前学习任务】

任务 1.1 认识出口贸易

1. 衡量进出口贸易的常用指标

①对外贸易额(Value of Foreign Trade)与对外贸易量(Quantum of Foreign Trade)。
②贸易差额(Balance of Trade)。
③国际贸易商品结构(Composition of International Trade)。
④对外贸易地理方向(Direction of Foreign Trade)。
⑤贸易条件(Terms of Trade)。
⑥对外贸易依存度(Dependence on Foreign Trade)。

2. 熟悉出口业务流程

出口业务的一般流程,如图1-1所示。

图 1-1

任务 1.2 掌握相关对外贸易政策及措施

1. 对外贸易政策

①自由贸易政策。
②保护贸易政策。

2. 对外贸易政策的具体措施

①关税措施(Tariff Measures)。
②非关税措施(Non-tariff Measures)。
③出口鼓励措施:主要有出口信贷(Export Credit)、出口补贴(Export Subsidies)、商品倾销(Goods Dumping)、外汇倾销(Exchange Dumping)。

任务 1.3 选择贸易方式

贸易方式是指买卖双方在进行交易时采用的贸易方法,其分类如图 1-2 所示。

图 1-2

任务 1.4　熟悉产品

熟悉产品是外贸业务员出口业务工作的起点,如果一个外贸业务员不懂产品,即使能收到一些国外客户的询价函,最终也会因其对产品的不熟悉导致无法留住客户。在出口业务操作前,新外贸业务员至少应该用 3 个月时间深入生产企业熟悉产品相关情况,如到样品制作部和生产车间去熟悉产品的种类、规格、成分、性质、包装、生产工艺、生产能力等情况;到采购部门了解原材料采购价格和采购渠道等信息;到财务部门了解各项产品相关的财务费用等。另外,新外贸业务员应该用一定的时间到相关行业网站查询各种产品的标准。对于老外贸业务员来说,也要经常关注和熟悉各类新产品的情况。

任务 1.5　了解市场状况

通过市场调研,可以了解市场状况,市场调研的主要内容包括对进口国家(地区)的调研、对目标市场商品供需的调研、对目标市场客户的调研和对目标市场商品销售的调研。市场调研的主要内容如图 1-3 所示。

图 1-3

任务 1.6　办理相应的注册和登记手续

1. 获得经营权

企业要持申报材料("对外贸易经营者备案登记表"、"企业法人营业执照"副本复印件、"税务登记证"复印件、"组织机构代码证书"复印件等)到所在地发证机关(国家商务部或授权的各省、自治区、直辖市及计划单列市的发证机关及其他机构)办理,获取"中华人民共和国进出口企业资格证书"。

2. 办理海关注册登记

根据我国海关目前的规定,进出口货物收发货人必须依法向海关注册登记后方能办理报关业务。报关分为自理报关和代理报关两种:自理报关是指进出口货物收发货人自行办理报关业务,自理报关单位必须具有对外贸易经营权和报关权;代理报关是指接受进出口货物收发货人的委托,代理其办理报关手续的行为。代理报关根据承担的法律责任不同又可以分为直接代理报关和间接代理报关。直接代理报关是以委托人的名义报关,代理人代理行为的法律后果直接作用于被代理人;间接代理报关是以报关企业自身的名义报关,报关企业承担其代理行为的法律后果。我国报关企业大都采用直接代理报关,间接代理报关只适用于经营快件业务的国际货物运输代理企业。

自理报关单位应持"自理报关备案申请书"、"企业法人营业执照"副本复印件、"企业章程复印件"、"税务登记证书"副本复印件、"银行开户证明"复印件、"组织机构代码证书"复印件、"报关单位管理人员情况登记表"和其他与注册登记有关的材料向当地海关申请报关资格,经海关审查核实,获取"自理报关单位注册登记证明书"。

3. 办理退税登记

对外贸易经营者应于取得出口经营权之日起 30 天内,持申报材料("对外贸易经营者备案登记表"、"企业法人营业执照"副本复印件、"国税税务登记证"复印件、海关核发的"自理报关单位注册登记证"、"增值税一般纳税人资格认定书"、"出口企业退税认定表"等)向所在地主管退税机关申请办理出口退税认定。

4. 出口收汇核销登记

出口收汇核销,是指国家外汇管理部门在每笔出口业务结束后,对出口是否能安全和及时收取外汇以及其他有关业务情况进行监督管理的业务。初次办理核销业务的出口单位需持有关材料(单位介绍信、申请书、外经贸部门批准经营进出口业务批件正本及复印件、"工商营业执照"副本及复印件、"企业法人代码证书"及复印件、"海关注册登记证明书"复印件、出口合同复印件、口岸操作员卡和法人卡)到注册所在地外汇管理局办理核销备案登记手续。

5. 出口报检登记

在进出口业务环节中,企业在货物出入境过程中需要向相关机构申请报检,以获得货物的出入境许可。而任何从事进出口业务的企业,如果要自理报检业务,则需要在取得进出口经营权之后,向当地的检验检疫机构办理报检备案登记。国家质检总局负责全国自理报检单位的统一管理工作,各直属检验检疫局负责所辖地区自理报检单位备案登记等工作的组织实施,各地检验检疫机构负责辖区内自理报检单位的备案登记、信息更改、日常监督管理等具体管理工作。

进出口企业应持("自理报检单位备案登记申请表"、"企业法人营业执照"复印件、"组织机构代码证书"复印件和检验检疫机构要求的其他材料等)向所在地检验检疫机构办理出口报检备案登记。

6. 申领"进出口许可证"

企业登录中华人民共和国商务部配额许可证事务局网站,打印已审批通过的申领单并签字盖章,然后持申领单、合同及相关文件到发证机关(商务部、商务部授权许可证事务局及其委托发证的商务部驻各地特派员办事处和各省、自治区、直辖市及计划单列市商务厅(局)领取许可证。

【课上操作任务】

任务 1.7 寻找客户并与客户建立业务关系

1. 寻找客户的渠道

①通过互联网寻找客户,如 B2B 商务平台(综合类的阿里巴巴、慧聪、环球资源等,行业类的中国建筑机械网、中国服装网等)。
②在行业报纸杂志上刊登广告。
③在搜索引擎上刊登广告。
④与目标国的贸易促进机构或商会联系。
⑤通过国内外银行介绍国外客户。
⑥通过各种国际友好往来和组织介绍客户。
⑦通过参加各种交易会、展览会以及出国考察的方式寻找客户。

2. 与客户建立业务关系

与客户建立业务关系主要通过撰写建立业务关系函和与客户面对面接洽两个途径进行。

任务 1.8 展销会

一般来说,在展销中,当潜在客户经过你的摊位时,你只有短短 3~5 秒时间来吸引他们的眼球。在这有限的时间内,你必须迅速做到使他们驻足,了解你卖什么产品,促使其对你的产品产生兴趣,并对你的公司及团队产生信心,使他们深信应该选择你,而不是选择你的竞争对手。一般说来,展销中的销售流程如下:

1. 吸引潜在客户

利用语言和非语言的方式在短时间内吸引客户来展台参观。作为参展商,在展会中的举手投足、衣着打扮、风度仪态等表现出来的非语言交流会在短短的 3~5 秒钟给客商留下第一印象,都会成为买家是否会走入这个展位的关键因素。

真诚的微笑及外向型的肢体语言可以传达出友好和热情的好客信息,买家都希望自己是受欢迎的,所以不能只是简简单单说一句"欢迎光临""请进来看看我们的新产品吧",而应让客户感到受重视,并愿意接受邀请进入展位。

在展位装饰、色彩搭配、小赠品挑选、制服统一、宣传目录、卖点广告等方面多下功夫,做到展位清洁整齐,参展人员的整体形象和举止合宜。这些非语言的交流同样能够吸引客户。

2. 发展潜在客户

作为展台工作人员,首先,要清楚地知道,我们的客户是谁?公司的主要市场和客户类型是什么?客户应该具备的素质是什么?他们的兴趣点分别在哪里?他们最关注的是什么?其次,要进行专业的评估和接待,包括他是不是我们的客户?他对我公司来说重要吗?我应该花多长时间接待他?如何让他明白我懂他的需求并能为他提供解决问题的方案?

1)如何识别有效观众

①专业的发问。
②通过客户提供的名片。
③从客户的穿着和人员组合进行判断。
④关注客户的肢体语言。
⑤从客户的关注点进行判断。
⑥关注敏感问题。
⑦从客户的仪态和人员组合进行判断。

2)如何确认潜在客户

①确保对方对你的产品或服务有需求。
②确定对方有一个合理的采购时间段。

③确定对方有足够的资金或预算。

④确定对方有权利进行购买或有能力影响购买。

3. 与潜在客户有效沟通

1）确定客户动机

要善于通过交谈和发问了解客户的真正意图,了解客户拜访你展台的真正原因。下面列举出客户拜访你展台的可能原因:

①了解相对客户现有产品和服务的最新潮流、趋势、修改、改进等。

②看最新的产品供应。

③就设备升级或问题解决方案来会见技术代表。

④会见管理团队。

⑤比较和评估竞争产品。

⑥社交性拜访或出席一个招待活动。

⑦拓展网络。

⑧采购新品。

2）介绍产品

（1）准备展品解说词

参展人员首先要非常熟悉自己的产品并且站在消费者角度考虑,了解顾客需求,据此应提前准备好产品解说词。展品解说词要注意不要只是生硬地介绍产品,要从产品对客户的意义出发去解说。同时,要注意里面的一些专业术语,用客户熟悉和能够理解的语言解说。

（2）准备宣传材料

印刷精美的宣传材料,最好图文并茂,以吸引客户的注意力,并且可以让一些感兴趣的客户带回去保管。

（3）准备好产品演示

对一些需要演示才能展示产品特色和功用的产品,需提前做好产品演示准备工作,并演练,保证现场效果。

3）推销产品

（1）发问与倾听

通过发问和倾听进行互动式的沟通,可以有效了解客户需求并帮助寻求解决方案。

①发问技巧如下:

A. 主动发问。

开场白之后不要等待客户提问,应主动发问,主动发问有利于搜集到客户的真实信息。

B. 注意发问的连贯性。

不要在短时间内变换太多话题。例如,你来自哪个国家？对我们的产品有什么具体要求？你的客户类型主要有哪些？你们的采购步骤是怎么样的？

评析：这样的提问方式缺乏技巧和连贯性，会让被问者有种被调查盘问的感觉。

不要从广度发问而应从深度发问，针对1～2个问题进行深入了解，在发问的同时适当地交流客户感兴趣的信息，发现客户的需求。例如：你来自哪个国家？从事什么行业？当得知观众来自德国，展台工作人员可以简单说明你的哪些产品符合德国市场的标准，目前正在和哪类德国客户合作等，然后继续询问他们采购这类产品的关注点是什么。

评析：这样的发问方式能够使观众知道你了解他们的市场，熟悉质量标准，会使客户非常有信心与你继续讨论产品及价格等。

C. 多用开放式提问。

避免用类似"May I help you?"开场。如果客户回答"No, thanks"或"Just looking"，你就几乎无话可答。

使用开放式问题，用"如何""什么""何时""在哪里""为什么"等词开场，例如：How do you plan to deal with the problem? What do you know about our company? What do you think of our products? What aspects of the exhibition do you pay most attention to?

问这些问题，很容易从客户那里得到一些有价值的信息，了解客户的需求和关注点。

②倾听技巧如下：

A. 真诚地倾听，了解客户需求。

发问后尽量让买家多说。通过倾听，挖掘客户潜在需求，会使客户尽快消除防备心理，增强信任感。

B. 积极的肢体语言。

在与客户沟通过程中，注意使用积极的肢体语言，如点头、微笑、眼神交流等。

C. 复述客户的话。

沟通中复述客户的观点，总结客户的关注点，对客户表示理解和赞同，可以提升交流的融洽度和针对性。

D. 不要打断客户。

沟通中不要打断客户，否则可能会遗漏客户讲话要点，打消客户沟通兴趣，错失销售机会。

（2）获得客户信息

在与客户的互动式沟通中获取客户信息，并迅速判断该客户与我们企业和产品的匹配度。例如：

参观者是谁？从事什么行业？是零售商、生产商、批发商还是进口商？

获得联系方式（名片）。

所在的市场在哪里，业务规模如何？

客户对你的产品大概会有什么要求？

客户有无采购或影响采购的能力？

客户目前处在采购的哪个阶段，可能什么时候会采购？

（3）积极促进销售

展览会现场不要单纯追求订单额，要记得很多大客户多在随后的两三个月才下订单。所以，展台的营销重点是给客户留下良好印象、记录客户信息、为展后跟踪销售服务。

边学边练

背景资料

Jenny Keats is expert in textiles. She is inquiring about the products of Mr. Huang's company. After having a long conversation with Mr. Huang, she decides to establish a trade relationship with Mr. Huang.

Mr. Huang：Madam, you seem to be quite interested in our products.

Mrs. Keats：Yes, I like textiles from China very much. Could you show me some shawls?

Mr. Huang：Certainly. What would you like to see? Wool or acrylic shawls?

Mrs. Keats：Wool shawls.

Mr. Huang：Look at this one, madam, an embroidered wool shawl.

Mrs. Keats：Oh, so beautiful. I love the cranes, the traditional Chinese design.

Mr. Huang：Do you know what they symbolize?

Mrs. Keats：Yes, cranes represent longevity in China.

Mr. Huang：Right. You know a lot about Chinese culture.

Mrs. Keats：I want to buy a lot from your company. What's the name of your company? Would you please tell me something about your company?

Mr. Huang：Yes, of course. Named Peony Textile Co., Ltd., our company was founded in 1978. It specializes in designing and manufacturing scarves. We have developed into a medium-scale enterprise with two branches and three offices. Our main products include series of silk, wool, and cashmere scarves. With the use of high definition scanner, super Laser Jet Printer, and software such as Photoshop and 3d Max, we have improved on our product quality and style, and achieved a leading market position.

Mrs. Keats：Have your products been exported to other countries?

Mr. Huang：Yes. Our products have been exported to Japan, South Korea, Singapore and Britain.

Mrs. Keats：Is there a Licence on your products?

Mr. Huang：Yes, of course.

Mrs. Keats：I am very interested. But I can't make a decision immediately.

Mr. Huang：Let me give you my business card.

Mrs. Keats：Please do. I will contact you in a few days. Thank you so much for your time.

Mr. Huang：You're welcome.

操作解析

首先，Mr. Huang 的开场白非常好，既说明他细致地观察到顾客的兴趣，同时这句话也是对客户进入展台的邀请。第二句"Wool or acrylic shawls?"的提问方式非常好,给顾客两种选择,有意识地引导顾客进行选择,避免问一些封闭性问题。在顾客提到 crane 的象征意义时,适时地赞扬顾客,用了"You know a lot about Chinese culture."在 Mrs. Keats 问到公司信息时,Mr. Huang 从公司历史到特色及经营理念作了详细介绍,对公司及产品了解得非常清楚。这是作为一名优秀的参展人员所必需的。

然而在最后,Mrs. Keats 表示对公司产品很有兴趣,同时说明自己没有采购决策权,Mr. Huang 递交了自己的名片。但如果 Mr. Huang 在客户表示产品兴趣时,就用一些问题进行有意识的引导,了解客户的身份地位,获取客户的采购历史、采购期及对产品的要求。这会对下一步的营销工作更为有用。

【实训操作】

学生在模拟展销现场进行模拟商务沟通。具体安排和要求如下:
①以 3~5 人为一小组,组成两个小组,其中一组为参展商,另一组扮演采购商。
②运用操作指南和实训演练中掌握和领悟的技能进行现场商务沟通。
③模拟结束后,根据模拟商务沟通的结果签订国际商务合同。

任务 1.9　网络营销

1.了解网络营销

随着"互联网+外贸"的发展,网络营销成为外贸公司开拓业务的新兴营销方式,成为开发国外客户的一种有效方式。公司进行网络营销主要是通过自己的网站、电子商务平台、搜索引擎、博客论坛和邮箱等方式。

2.以阿里巴巴为例,介绍电子商务平台的使用——注册会员、发布信息和寻找客户

1)注册会员

(1)登录阿里巴巴网站注册

①启动 IE 浏览器,进入阿里巴巴网站,单击"Join Free"超级链接或"Join Free Now"按钮,如图1-4所示。

图 1-4

②填写注册信息,在图1-5中填写相关的注册信息,填完后单击"Create My Account"(创建新账户)按钮,向网站提交个人(或公司)的信息。

图1-5

(2)注册"出口通"

如果想在阿里巴巴网站上注册成为出口企业,并发布产品信息,则要注册"出口通"并付一定的年费。在图1-6中单击"立即升级"按钮,进入图1-7的页面,核对你的信息,然后单击"提交申请"按钮,等到缴费通过认证后就可以使用。

图1-6

图1-7

(3)子账号设置

阿里巴巴网站一个主账号可以设置5个子账号,在主页上选择"My Alibaba"→"My Account"。如图1-8所示进入我的账户"My Account",选择"子账号设置"选项的"添加子账号"按钮,如图 1-9 所示,填写相应的内容,然后单击"添加"按钮即可。

图 1-8

图 1-9

边学边练

背景资料

我公司(SEA IMPORT AND EXPORT CO., LTD)是从事鞋业进出口贸易的一家专业外贸公司,公司地址:安徽省合肥市长江路 2 号,公司电话:0551-1234567,联系人:Sea,邮箱: sea@sina.com。

在阿里巴巴网站上注册一个账号并开通"出口通",并为业务员 Lisa 设置一个子账号。

操作解析与参考

1. 启动 IE 浏览器,进入阿里巴巴网站,单击"Join Free"超级链接或"Join Free Now"按钮,进入注册窗口,填写注册信息,如前图 1-5 所示。

在"Business Location"栏选择"China(Mainland)";

在"I am"栏选择"Supplier";

在"Name"栏的"First Name"框中填写"Sea","Last Name"框中填写"Lea";

在"Company Name"栏中填写"SEA IMPORT AND EXPORT CO., LTD";

在 Tel 栏中填写"86-0551-01234567";

在 E-mail 栏中填写"sea@sina.com",这是你的登录邮箱,一定要记住;

在"Create Password"和"Re-enter Password"中填写相同的密码,注意,这个密码不是你的邮箱密码,而是你登录阿里巴巴的密码。一定要记住下列内容:

在"Enter the code shown"栏中输入后面所显示的字符,输入时注意区分大小写,如果看不清楚,可以单击后面的"Load new image"按钮。

2. 注册我的"出口通"。单击我的"出口通"选项下的"立即申请"按钮,如图 1-8 所示,检查显示的信息与你填入的信息是否一致,在公司地址栏输入安徽省合肥市长江路 2 号,单击"提交申请"按钮。

3. 添加子账号,单击"子账号设置"选项的"添加子账号"按钮,填写相应的内容。

在"邮箱"栏中填写 Lisa 的邮箱"lisa@ sina. com";

在"输入密码"和"再次输入密码"栏填写 Lisa 的密码"lisa 123456";

在"用户名"栏填写,名"sa"姓"li";

"性别"选择"男";

"账号类型"选择"业务员";

"电话"填写"86-0551-123456";

"联系地址"选择,省/州:"Anhui";城市:"Hefei";街道地址:"Changjiang Road 2#";邮编:"230001";验证码:输入右边的字符,注意大小写;

单击"添加"按钮进行添加。

强化训练

安徽振富棉纺有限责任公司(ANHUI ZHENFU COTTON TEXTILE CO., LTD)专营各类外贸正单、外贸正品、外贸原品、外贸追单服装批发、供应、订制。公司位于安徽省蒙城县范集镇,邮政编码为 233528,公司电话为 0558-1234567,公司邮箱为 zhenfumengcheng@ sina. com,要求在阿里巴巴网站上注册会员,并开通出口通,下设 3 个业务员子账号。

2)发布信息

(1)发布信息的流程

①打开 IE 浏览器,在浏览器的地址栏输入阿里巴巴网址,进入阿里巴巴的主页,如图 1-10 所示。

图 1-10

②登录账号,单击图 1-10 中的"Sign in"链接,进入登录窗口,如图 1-10 所示。输入注册时的邮箱和密码,单击"Sign in"按钮即可。

③发布产品,在阿里巴巴网站的主页选择"My Alibaba"下的"Message Center"进入全球商机通,选择页面左边"产品"选项,如图 1-11 所示。选择"产品发布"按钮,进入产品发布窗口,如图 1-12 所示。

图 1-11

图 1-12

填写相关的产品信息后,单击"提交"按钮完成产品的发布。

(2)发布信息应注意的事项

因为网上同类产品很多,客户在搜索到相关产品后,大多选择排名靠前的几家商家,所以如何让自己的产品在搜索排名前几位显示出来非常重要。在众多的信息发布栏中,本企业的信息能否排在前列,关键看自己在网站上的操作频率,在产品发布时要注意以下 7 个方面:

①不要发布重复信息:当客户进入网站看到大量的重复信息,会使客户产生不信任感。

②标题要简单明了:标题要让别人一看就明白你的产品,不要写得太长,产品标题的一般结构如下:销售方式+产品材质/特点+商品名称;还可包含商品的其他信息,例如,品牌、状态、颜色、类型等。

③描述要尽可能详细:详细描述等于产品的宣传词,最好配上细节图片。

④使用高质量的图片:如果一个产品有如广告般质量好的配图,对人的吸引力就会大大增加,尽量提供多角度的照片。

⑤关键词的选取方法:关键词是指单个媒体在制作使用索引时所用到的词汇。关键词搜索是网络搜索索引的主要方法之一。关键词的选取方法如下:

A. 核心词,如"T-shirt"。

B. 属性词+核心词,如"Cotton T-shirt"。

C. 修饰词+核心词,如"2018 New T-shirt"。

⑥分类的选择:选择最合适的分类显然可以增加交易的机会。

⑦对产品创建分类系列:如果产品数量很多,可以将产品分类放入不同的产品系列中,让企业的网站更整洁,让客户觉得更清晰更有条理。

边学边练

背景资料

我们为一家鞋业公司申请了一个账号,现在需要发布一个产品,产品的具体信息如下:

产品名称为"High heel shoes",属于公司新开发的 Lie-fallow 女款春季休闲扣带鞋产品,型号为 WS-25,原产地为安徽,鞋帮材料为真皮,鞋里材料棉布,内底材料 PVC,大底材料 PVC。颜色有白色、黑色、绿色、黄色和桃红色,尺寸大小从 12 到 15,每双鞋和包装盒一起重 1 千克,包装尺寸为40 厘米×20 厘米×10 厘米。100 双以内(含100 双)单价15 美元,备货期 3 天;500 双以内(含500 双)单价 12 美元,备货期 4 天;2 000 双以内(含2 000 双)单价 10 美元,备货期 6 天。希望在阿里巴巴网站中可以通过关键词"Shoes""Leisure"搜索到产品信息。

操作解析与参考

1.进入阿里巴巴网站,登录自己的账号。

2.进入全球商机通,进入产品发布界面。

3.填写信息。

(1)产品信息。

①选择产品类目,如图 1-13 所示。

图 1-13

②输入"产品基本信息",在"Name of Product"填写"High heel shoes"。

③上传产品图片。

④在"Product Keyword"框中填写产品的关键词,这里填写"Shoes"。

⑤在"More Keywords"后面的框中填写产品的关键词,这里填写"Sport""Leisure"。需要注意的是,所有的关键词,在后面的"Description of Product"中必须体现出来,便于别人搜索时可以被迅速搜索出来,如图1-14所示。

图 1-14

⑥填写"产品属性"(详细信息),产品的详细信息包含产品原产地、品牌、型号、适合人群、材料、款式、季节、颜色、尺寸等,如图1-15所示。

图 1-15

⑦填写"交易信息",如图1-16所示。填写"物流信息",如图1-17所示。

图 1-16

图 1-17

⑧填写"产品详细信息",如图1-18所示。在编辑框中添加产品的详细描述,包括产品的功能属性、产品细节图片、支付物流、售后服务、公司实力等内容,可以上传图片。

图 1-18

(2)产品的详细描述(Detailed Description)。

在编辑框中详细描述产品,包括产品的功能属性、产品细节图片、支付物流和售后服务等内容。

(3)产品的包装信息(Packaging Details)。

填写产品包装的相关信息,包括最小计量单位(Unit Type)、销售方式(Sold In)、产品包装后的质量(Weight)和产品包装尺寸(Package Size)等。

(4)产品价格(Product Price)。

填写产品价格,根据采购量的不同确定不同的价格,如果添加产品的区间超过4种,可以单击"Add Another Row"按钮增加行。如果要自己设计产品规格,可以单击"Add more Specifications"。

(5)选择运费模板(Choose Shipping Template)。

从你设计的运费模板中选择一种,这些模板应该是在申请了全球速卖通后设计的。

(6)填写其他信息(Other Details)。

填写国际支付宝(Escrow)、有效期(Valid Date)、自动重发(Automatically Redelivery)和同意网站相关协议条款(Terms of Network Protocol)。

（7）提交（Submit）。

单击提交"Submit"按钮，将你发布的产品提交到网站。

（3）通过网站寻找客户

产品信息发布到网络上后，企业不能消极地等待客户，应积极地寻找客户，主动与客户联系，这样才能更好地推销自己的产品。阿里巴巴网站每天都会有成千上万的产品需求信息，企业可以根据需要利用平台随时寻找新客户资源或与老客户进行联系，具体流程如下：

①登录阿里巴巴网站。

②进入卖家后台：单击"My Alibaba"下方的"Sign in"按钮登录自己的账户后，再单击"My Alibaba"左方的"头像"，如图1-19所示，进入卖家后台。

图1-19

③寻找国外客户：单击"采购直达"，进入"RFQ市场"，如图1-20所示，输入所要查找的产品的关键字，搜索有意购买该产品的国外客户，也可以单击右侧的"Categories"，在"Categories"导航条下选择产品类别。

图1-20

④选择客户并立即报价：在"买家所在地"下拉列表中选择要在哪个国家或地区进行查询，然后单击"Confirm"，如图1-21所示。寻找到客户后，单击旁边的"立即报价"按钮进行报价，如图1-22所示。

图 1-21

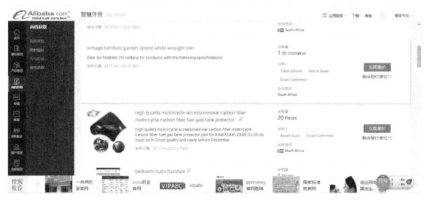

图 1-22

⑤描述产品,上传产品图片并报价,如图 1-23 和图 1-24 所示。

图 1-23

图 1-24

⑥联系买家:报价后,阿里巴巴会发送一份邮件到买家的邮箱,卖家单击查看并联系买家;有些客户不想被打扰,也会选择隐藏信息,如图 1-25 和图 1-26 所示。

图 1-25

图 1-26

边学边练

背景资料

假如某公司是生产运动休闲鞋的,现在要在阿里巴巴网站上查找美国的客户。

操作解析与参考

具体查找需要运动鞋的美国买家的方法如下:

1.登录阿里巴巴网站。同前面一样,先要登录阿里巴巴网站和自己的账号。

2.进入卖家后台。单击"My Alibaba"下方的"Sign in"按钮登录自己的账户后,再单击"My Alibaba"左方的"头像"进入卖家后台。

3.寻找客户。单击"采购直达",进入"RFQ 市场",在"Search Products"方框中输入关键字"Women Shoes"。

4.单击"Search"按钮进行查找,得到查找结果。

5.在"买家所在地"下拉列表中选择要在哪个国家或地区进行查询,寻找到客户。

强化训练

某农业出口公司,现有一批茶叶需要出口,想在全球寻找茶叶进口商,请你帮忙在阿里巴巴网站上查找,并同其中某个企业建立联系。

任务 1.10　进行出口报价核算

1. 认识国际价格

出口业务中使用的价格包括货币名称、单价金额、计量单位、贸易术语 4 项必需内容,如 "USD 10.10 per doz. CIFC3 Vancouver"。

2. 核算价格

在我国出口业务中,最常用的贸易术语是 FOB,CFR 和 CIF。这 3 种贸易术语的价格的计算公式如下:

FOB 价 = 出口成本 + 国内费用 + 佣金 + 利润

　　　　 = 采购成本 − 出口退税 + 国内费用 + 佣金 + 利润

CFR 价 = 出口成本 + 国内费用 + 国外运费 + 佣金 + 利润

　　　　 = 采购成本 − 出口退税 + 国内费用 + 国外运费 + 佣金 + 利润

CIF 价 = 出口成本 + 国内费用 + 国外运费 + 保险费 + 佣金 + 利润

　　　　 = 采购成本 − 退税 + 国内费用 + 国外运费 + 保险费 + 佣金 + 利润

国际价格基本构成,如图 1-27 所示。

图 1-27

【操作结果】

姚石寻找国外客户并与之建立业务关系

1. 寻找国外客户

姚石 2017 年 3 月 1 日从阿里巴巴网站 RFQ 市场上了解到加拿大 Leisure 公司对本公司的欢乐牌(Huanle Brand)雪地靴(Pac Boots)有潜在的需求,觉得可以跟该公司建立业务关系。

加拿大 Leisure 公司的全称及详细地址如下：

Leisure International Trading Corporation

237 Johnson Rd. 39210

Vancouver B. C., Canada

Tel：01-11-4533212   Fax：01-11-4533211

2. 与国外客户建立业务关系

姚石将加拿大 Leisure 公司的情况汇报给了刘经理。刘经理让姚石给 Leisure 公司发一封建立业务关系的电子邮件，并且随附产品目录，以下是姚石给 Leisure 公司写的建交函：

湖南华兴进出口有限公司

中国长沙五一路58号

Hunan Huaxing Imp. & Exp. Co., Ltd.

58, Wuyi Road, Changsha, China

TEL：0086-731-62485800   FAX：0086-731-62485801

Leisure International Trading Corporation

237 Johnson Rd. 39210, Vancouver B. C. Canada

TEL：01-11-4533212   FAX：01-11-4533211

DATE：Mar. 2nd, 2017

Dear Sirs,

We have learned your firm through Internet, and take the liberty of introducing our firm to you as an exporter specializing in various kinds of shoes and caps.

For over 7 years, we have been engaged in this line, especially Snow Boots. We have a number of regular customers in U. S. market, to which we have been supplying considerable quantities of Snow Boots every year. So, to certain extend we can take pride in our knowledge of the requirements and tastes of your market.

We are glad to find through our market research that our Huanle Brand Snow Boots are receiving warm welcome in North American countries. So we are very confident in meeting the requirements and taste of your market based on our previous knowledge and accumulation of this field.

As to any information on our financial standing, please refer to Bank of China, Hunan Branch. As the items fall within the scope of our business activities, we shall be pleased to enter into direct business relations with you.

Yours truly,

Yao Shi

知识链接

1. 总贸易(General Trade)与专门贸易(Special Trade)的区别

总贸易和专门贸易是贸易国家进行进出口统计时采用的两种不同的标准。

总贸易是以国境为标准划分进出口的贸易,而专门贸易是以关境为标准划分进出口的贸易。目前,德国、意大利、瑞士、法国等 80 多个国家和地区采用专门贸易统计方法。美国、日本、英国、加拿大、澳大利亚和我国采用总贸易统计方法。

2. 贸易顺差(Favorable Balance of Trade)的利弊

顺差可以在一定程度上促进国民经济的增长;保证进口高新技术所需的外汇;保证外债的偿还和保证汇率的稳定。但顺差过大会造成贸易国对方不满,容易引起贸易摩擦;带来外汇储备的膨胀,给本国货币带来更大的升值压力。

3. 国际服务贸易

世界贸易组织《服务贸易总协定》将服务行业分为 12 个部门:商业、通信、建筑、销售、教育、环境、金融、卫生、旅游、运输、环境及其他。

服务贸易的特点:多为无形和不可存储的;提供服务与消费同时进行;在海关统计中查询不到;其贸易额在国际收支平衡表中只得到部分反映。

4. 我国有关申请进口配额和进口许可证的规定

我国对限制进口的货物(其目录由商务部会同国务院有关部门制定、调整,并至少在实施前 21 天公布)实行配额管理或许可证管理。

我国对国家规定有数量限制的进口货物,实行配额管理。配额申请人在每年 8 月 1 日至 8 月 31 日向进口配额管理部门提出下一年度进口配额的申请。进口配额管理部门在每年 10 月 31 日前将下一年度的配额分配给配额申请人。

5. 有关国际贸易术语的国际贸易惯例

(1)概述。

目前国际上通行的贸易术语惯例主要有 3 个体系:国际商会(ICC)制定的《国际贸易术语解释通则》(*International Rules for the Interpretation of Trade Terms*, INCOTERMS),国际法协会制定的《1932 年华沙—牛津规则》(*Warsaw-Oxford Rules 1932*)和美国一些商业团体制定的《1941 年美国对外贸易定义修订本》(*Revised American Foreign Trade Definition 1941*)。其中《国际贸易术语解释通则》是包括术语最多、适用范围最广和影响最大的一种。

(2)《国际贸易术语解释通则》中的贸易术语如表 1-1 所示。

表 1-1

术语代码	风险划分界限	保险合同办理	适合运输方式	运输合同办理	出口清关责任、费用	进口清关责任、费用	交货性质	合同性质
EXW	出口国工厂所在地货交买方	买方	任何方式	买方	买方	买方	实际交货	启运合同
FCA	出口国指定地点货交承运人	买方	任何方式	买方	卖方	买方	实际交货	装运合同

续表

术语代码	风险划分界限	保险合同办理	适合运输方式	运输合同办理	出口清关责任、费用	进口清关责任、费用	交货性质	合同性质
FAS	出口国指定装运港货交船边	买方	水运	买方	卖方	买方	实际交货	装运合同
FOB	出口国指定装运港货装船上	买方	水运	买方	卖方	买方	实际交货	装运合同
CPT	出口国指定地点货交承运人	买方	任何方式	卖方	卖方	买方	象征性交货	装运合同
CIP	出口国指定地点货交承运人	卖方	任何方式	卖方	卖方	买方	象征性交货	装运合同
CFR	出口国指定地点装货船上	买方	水运	卖方	卖方	买方	象征性交货	装运合同
CIF	出口国指定装运港装货船上	卖方	水运	卖方	卖方	买方	象征性交货	装运合同
DAT	进口国运输终端货交买方	卖方	任何方式	卖方	卖方	买方	实际交货	到达合同
DAP	进口国指定地点货交买方	卖方	任何方式	卖方	卖方	买方	实际交货	到达合同
DDP	进口国指定目的地货交买方	卖方	任何方式	卖方	卖方	卖方	实际交货	到达合同

6. 关于货物的计价货币

货物的计价货币是指合同中规定的用来计算价格的货币。这些货币可以是出口国或进口国的货币,也可以是第三国的货币,但必须是自由兑换货币。

国际上普遍实行浮动汇率的情况下,买卖双方都要承担一定汇率风险。出口贸易中,计价和结汇争取使用硬币(Hard Currency)(即币值稳定或具有一定上浮趋势的货币);进口贸易中,计价和付汇力争使用软币(Soft Currency)(即币值不够稳定且具有下浮趋势的货币)。

7. 佣金的运用

有关计算佣金公式如下:

$$含佣价 = \frac{净价}{1-佣金率}$$

$$佣金 = 含佣价 \times 佣金率$$

8. 出口报价核算应注意的问题

①先求出集装箱的装箱数量。

②除了费用额相加的方法外,还可以规定以进货成本为计费基础的定额费用率。

③银行费用、佣金、折扣、保险费的计费基础是成交价格。

④垫款利息按照进货成本计算。

⑤报价核算分为总价核算和单价核算两种方法。总价核算比较精确,但需要折算成单

价后才能对外报价;单价核算可以直接求出报价,但计算过程需保留多位小数。

⑥计量单位和集装箱内装箱数量必须准确,它关系到运价和费用的多少。

⑦出口报价产生之后,用收入减去支出等于成本的原理来核算对外报价是否正确。

⑧对外磋商之前先进行报价核算,做到对买卖经营状况心中有数。因此,务必填好"出口商品价格核算单",如表1-2所示。

表1-2

公司名称和地址			客户名称和地址		
商品名称	货号规格	成交数量	计量单位	购货价格	出口价格
合计					
包装件数	包装数量	毛重	净重	长×宽×高	尺码(CBM)
商品名称	货号规格	成交数量	计量单位	购货价格	出口价格
合计					
价格术语	装运港	目的港	国别	交货日期	付款方式
汇率	20英尺包箱费率	保险费率	佣金率	退税率	定额费用率
	人民币	美元		人民币	美元
销售收入			直接费用		
购货成本			定额费用		
退税金额			利润额		
实际成本			利润率		
出口运费			换汇成本		
出口保险费			出口盈亏额		

知识拓展

1.两国之间为何会发生贸易?

(1)亚当·斯密的绝对利益说。

只要参加贸易的两国有各自的绝对技术优势,就存在产品价格的差异,两国就应进行国际分工以充分发挥各自的绝对技术优势,然后进行贸易,这样两国就均可从贸易中获得利益。

(2)大卫·李嘉图的比较利益说。

只要参加贸易的两国有各自的相对技术优势,就存在产品价格的差异,两国就应进行国际分工以充分发挥各自的相对技术优势,然后进行贸易,这样两国均可从贸易中获得利益。

（3）赫克歇尔和俄林的（生产）要素禀赋说。

参加贸易的两国在技术水平相同的情况下，各国生产要素的相对丰裕程度是贸易产生的基础。在各国生产要素存量一定的情况下，一国将专门生产并出口生产要素丰裕型产品，进口生产要素稀缺型产品。

（4）结论。

①国际贸易的前提：国家有剩余产品。

②国际贸易的基础：比较利益。

③国际贸易的原因：技术水平不同，生产资源禀赋不同。

2. 参与国际贸易是不是对任何人都有好处？ 参与国际贸易的各方利益该如何平衡？

（1）国际贸易的利益分配问题。

参与国际贸易并不是对任何人都有好处。

（2）国际贸易的利益平衡问题。

参与国际贸易各方的利益只有靠一国政府平衡。一国政府靠国家政策来干预，它实施一系列对外贸易政策的根本目的就是维护本国的利益。

（3）对外贸易政策落实。

对外贸易政策具体是靠关税措施和非关税措施来落实的。

模拟操作

根据所给情景撰写建立业务关系函

上海进出口公司的外贸业务员王伟，在广交会上得知科威特 FLEISMAN LINK LTD. 业务员 JOHNSON 欲求购玩具电动轮船，当场互留了名片，回到公司后王伟马上给 JOHNSON 写信。请你以王伟的身份给国外客户写一封经贸关系建交函，要求格式完整、正确，内容包括信息的来源、写信的目的、公司业务范围介绍、公司资信。公司全称和详细地址如下：

FLEISMAN LINK LTD.

DENSO HALL, KUWAIT

PHONE：7766479-220487

FAX NO：92-21-7736479

E-MAIL：MAY 2017@163.com

项目2 出口贸易磋商

【任务布置】

　　1.进口公司发出询盘函。

　　2.出口公司报价核算并撰写发盘函。

　　3.进口公司发出还盘函。

　　4.出口公司还盘价格核算并撰写再还盘函。

　　5.进口公司撰写成交函。

【操作提示】

　　贸易磋商的形式、基本程序和内容有哪些?

【课前学习任务】

任务2.1　认识贸易磋商

1.贸易磋商形式

　　贸易磋商有口头磋商、书面磋商和行为磋商 3 种形式。其中,以书面磋商形式最为常用。

2.贸易磋商基本程序

　　贸易磋商一般包括询盘、发盘、还盘和接受 4 个环节。其中,发盘和接受是每笔交易中必不可少的两个基本环节或法律步骤。

3.贸易磋商内容

　　贸易磋商的内容就是合同条款中的内容,如货物的品名、品质、数量、包装、价格、支付条件、交货条件、争议的预防和解决等。

任务2.2 询 盘

询盘是指交易的一方向另一方探询购买或出售某商品的交易条件的行为。在《中华人民共和国合同法》(下称《合同法》)中称为"要约邀请",其内容可详可略,主要涉及品名、价格、规格、数量、包装、交货期以及索取商品目录本、价目表和样品等。

询盘按其询问的内容不同,可分为一般询盘(General Inquiry)和具体询盘(Specific Inquiry)。一般询盘是买主或卖主仅仅为了了解情况向卖主或买主索要或提供商品目录本、价目表、样品、做报价单用的形式发票等。具体询盘是买主或卖主有买卖的要求,就指定商品要求对方报价。

任务2.3 发 盘

发盘是指交易的一方向另一方提出购买或出售某种商品的各项具体的交易条件,并表示愿意按这些交易条件与对方达成交易、订立合同的行为。

发盘既是商业行为,又是法律行为,在《合同法》中称为要约。发盘可以是应对方的邀请询盘作出的答复,也可以是在没有邀请的情况下直接发出。发盘多由卖方发出,也可以由买方发出,由买方发出的发盘称为递盘(Bid)。

任务2.4 还 盘

贸易谈判中,当受盘人不同意或不完全同意发盘人在发盘中提出的条件时,对发盘提出的修改性意见,称为还盘。法律上,还盘被称为反要约。

任务2.5 接 受

接受是指接受人接到对方的发盘或还盘后,无条件地、完全同意发盘人提出的全部交易条件,并同意按条件订立合同的一种表示。接受同发盘一样,既属商业行为,也属法律行为,在法律上称为承诺。接受产生的重要法律后果是交易达成、合同成立。

【课上操作任务】

1. 询盘

姚石向 Leisure 公司发出了建立业务关系函不久,便收到了 Leisure 公司的询盘函,询盘

函内容如下:

To: HUNAN HUAXING IMP. & EXP. CO.,LTD.

DATE: Mar. 7th, 2017

Dear Sirs,

Thank you for your letter together with your catalogue. We are interested in your Huanle Brand Pac Boots, Art. No. SH226.

We would like to place a trial order for above items for one 40′ container, and please quote us your rock bottom price on the basis of CIFC3 Vancouver, Canada with other details.

Your prompt reply is awaited with much appreciation.

Yours Sincerely,
Gerald Meier

2. 出口报价核算

姚石立即通知雪地靴供应商株洲红景制鞋厂报价。次日收到其报价如下:雪地靴,最低起订量 3 000 双,90 元/双(含税价),增值税率 17%,每双装 1 个纸盒,每 6 盒装一个标准出口纸箱,纸箱尺寸为 60 厘米×45 厘米×40 厘米,每箱毛重为 12 千克,净重 10 千克, 3 000 双装 1×40′FCL,月生产能力 5 000 双,交货时全额付款,工厂交货。

经查询,该靴子的 HS 编码 6403120090,监管代码 B,出口退税率 11%。若 3 月 9 日的美元牌价按 1 美元 = 6.800～6.828 元(人民币)计,出口包装费每双 3 元,国内运杂费共计 12 000 元,出口商检费 350 元,报关费 150 元,港区港杂费 900 元,其他各种费用共计 1 500 元。公司向银行贷款的年利率为 8%,预定垫款两个月,银行手续费率为 0.5%(按成交价计),一个 40 英尺集装箱①的包箱费率是 3 800 美元。

客户要求按成交价的 110% 投保,保险费率为 0.85%,并包括 3% 的佣金。公司的预期利润为成交额的 10%,姚石核算每双雪地靴的 FOBC3,CFRC3,CIFC3 出口报价。计算过程中的数值保留到小数点后 3 位,最后保留到小数点后 2 位。

1)核算成本

退税金额:采购成本÷(1+增值税率)×退税率

实际成本:采购成本-退税金额 = 90-90÷(1+17%)×11% = 81.538(元/双)

2)核算费用

①国内费用:包装费+(运杂费+商检费+报关费+港区港杂费+其他费用)+(采购总价×贷款利率÷12)×贷款月数 = 3×3 000+(12 000+350+150+900+1 500)+(90×3 000×8%÷12)×2 = 27 500(元)。

单位货物的国内费用 = 27 500÷3 000 = 9.167(元/双)(注:贷款利息通常以采购成本为基础)。

②银行手续费 = 报价×0.5%(元/双)。

③客户佣金 = 报价×3%(元/双)。

———————————————

① 40 英尺集装箱解释见本书 52 页。

④国外运费=3 800÷3 000×6.8=8.613(元/双)。

⑤出口保险费=CIFC3 报价×110%×0.85%(元/双)。

3)核算利润

利润=报价×10%(元/双)

4)3 种贸易术语报价核算

(1)FOBC3 报价的核算

FOBC3 报价=实际成本+国内费用+客户佣金+银行手续费+预期利润

    =81.538+9.167+FOBC3 报价×3%+FOBC3 报价×0.5%+FOBC3 报价×10%

    =90.705+FOBC3 报价×(3%+0.5%+10%)

    =90.705+FOBC3 报价×13.5%

等式两边移项得

FOBC3 报价-FOBC3 报价×13.5%=90.705

FOBC3 报价=90.705÷(1-13.5%)=104.86(元)

折成美元

FOBC3=104.86÷6.80=15.42(美元/双)

(2)CFRC3 报价的核算

CFRC3 报价=实际成本+国内费用+国外运费+客户佣金+银行手续费+预期利润

    =81.538+9.167+8.613+CFRC3 报价×3%+CFRC3 报价×0.5%+CFRC3 报价×10%

    =99.318+CFRC3 报价×(3%+0.5%+10%)

    =99.318+CFRC3 报价×13.5%

等式两边移项得

CFRC3 报价-CFRC3 报价×13.5%=99.318

CFRC3 报价=99.318÷(1-13.5%)=114.82(元)

折成美元

CFRC3=114.82÷6.80=16.89(美元/双)

(3)CIFC3 报价的核算

CIFC3 报价=实际成本+国内费用+国外运费+客户佣金+银行手续费+出口保险费+预期利润

    =81.538+9.167+8.613+CIFC3 报价×3%+CIFC3 报价×0.5%+CIFC3 报价×110%×0.85%+CIFC3 报价×10%

    =99.318+CIFC3 报价×(3%+0.5%+110%×0.85%+10%)

    =99.318+CIFC3 报价×14.435%

等式两边移项得

CIFC3 报价-CIFC3 报价×14.435%=99.318(元)

CIFC3 报价=99.318÷(1-14.435%)=116.07(元)

折成美元

CIFC3＝116.07÷6.80＝17.07（美元/双）

（4）3 种价格对外报价

A. USD 15.42/pair FOBC3 Guangzhou。

B. USD 16.90/ pair CFRC3 Vancouver。

C. USD 17.07/pair CIFC3 Vancouver。

3. 发盘

姚石完成出口报价核算并经刘经理审核同意后,开始撰写发盘函。

Dear Sirs,

We have received your fax, inquiring for our Huanle Brand Pac Boots. We are pleased to make you an offer for 3,000 pairs as follows.

Name of commodity：Huanle Brand Pac Boots.

Unit price：USD 17.07/pair CIFC3 Vancouver.

Payment：by an Irrevocable Letter of Credit at sight.

Packing：to be packed in cartons of each 6 pairs, and then to a 40′ FCL container.

Shipment：to be effected during MAY 2017 on the condition that the relevant L/C arrives before Apr. 25th, 2017.

This offer remains valid within 3 days.

Yours Truly,

Yao Shi

4. 还盘

加拿大 Leisure 公司收到姚石的发盘函后,觉得价格偏高,于是还盘,还盘函如下。

To：Hunan Huaxing Imp. & Exp. Co., Ltd.　　　　　　　Date：March 13th, 2017

Dear Sirs,

Thank you very much for your offer. However, we find that your price is higher than what we have been paying for similar merchandise from other sources. To accept your quotation would leave us with little margin of profit on sales. We regret that we can not place an order at these prices.

We like the design of your products and appreciate the opportunity to do business with you. May we suggest you to update your quotation, say USD 15.67/pair CIFC3 Vancouver for Art. No. SH226, we might come to business.

For your information, the similar Pac boots made in China Taiwan is sold only around USD 12.92/pair CIFC3 Vancouver.

Please take this matter into serious consideration and give us your favorable reply on priority.

Best Regards,

Gerald Meier

5. 姚石进行出口还价核算

姚石按客户提出的价格进行出口还价核算(计算中请保留 3 位小数,计算结果保留两位小数)。

①客户还盘 CIFC3 的价格为每双 15.67 美元,姚石计算公司的总利润额和利润率分别为多少?

②按客户还盘,同时保持 5% 的利润率,则国内采购价格应为每双雪地靴多少元人民币?

③经协商,厂商同意将供货价格降为 86 元,请按 8% 的利润率重新报价。

(1)设:每双雪地靴的利润为 X

CIFC3 报价=实际成本+国内费用+国外运费+客户佣金+银行手续费+出口保险费+预期利润

①CIFC3 报价=15.67×6.8=106.556(元/双)。

②核算成本。

退税金额:采购成本÷(1+增值税率)×退税率

实际成本:采购成本-退税金额=90-90÷(1+17%)×11%=81.538(元/双)

③核算费用。

国内费用:包装费+(运杂费+商检费+报关费+港区港杂费+其他费用)+(采购总价×贷款利率÷12)×贷款月数=3×3 000+(12 000+350+150+900+1 500)+(3×3 000×8%÷12)×2=27 500(元)

国内费用=27 500÷3 000=9.167(元/双)(注:贷款利息通常以采购成本为基础)

国外运费=3 800÷3 000×6.8=8.613(元/双)

客户佣金=报价×3%=15.67×3%=0.470(美元/双)

银行手续费=报价×0.5%=15.67×0.5%=0.078(美元/双)

出口保险费=报价×110%×0.85%=15.67×110%×0.85%=0.147(美元/双)

把①至③式代入

CIFC3 报价=实际成本+国内费用+国外运费+客户佣金+银行手续费+出口保险费+预期利润

得:106.556=81.538+9.167+8.613+(0.470+0.078+0.147)×6.8+X

X=2.512(元/双)

利润率=(2.512÷CIFC3)×100%=(2.512÷106.556)×100%=2.36%

(2)设:国内供货价为 Y

CIFC3 报价=实际成本+国内费用+国外运费+客户佣金+银行手续费+出口保险费+预期利润

①CIFC3 报价=15.67 ×6.8=106.556(元/双)。

②核算成本。

退税金额:采购成本÷(1+增值税率)×退税率

实际成本:采购成本-退税金额=$Y-Y$÷(1+17%)×11%

③核算费用。

国内费用：包装费+(运杂费+商检费+报关费+港区港杂费+其他费用)÷货物数量+(采购总价×贷款利率÷12)×贷款月数=3+(12 000+350+150+900+1 500)÷3 000+(Y×8%)÷12×2=7.967+0.013Y(元)(注：贷款利息通常以采购成本为基础)

国外运费=3 800÷3 000×6.8=8.613(元/双)

客户佣金=报价×3%=15.67×3%=0.470(美元/双)

银行手续费=报价×0.5%=15.67×0.5%=0.078(美元/双)

出口保险费=报价×110%×0.85%=15.67×110%×0.85%=0.147(美元/双)

④出口利润=报价×5%=15.67×5%×6.8=5.328(元/双)

把①至④式代入

CIFC3 报价=实际成本+国内费用+国外运费+客户佣金+银行手续费+出口保险费+预期利润

得：106.556=Y-Y÷(1+17%)×11%+7.967+0.013Y+8.613+(0.470+0.078+0.147)×6.8+5.328

Y=86.97（元/双）

（3）求：CIFC3 报价

CIFC3 报价=实际成本+国内费用+国外运费+客户佣金+银行手续费+出口保险费+预期利润

①核算成本。

实际成本：采购成本-退税金额=86-86÷(1+17%)×11%=86-8.085=77.915(元/双)

②核算费用。

国内费用：包装费+(运杂费+商检费+报关费+港区港杂费+其他费用)+(采购总价×贷款利率÷12)×贷款月数=3×3 000+(12 000+350+150+900+1 500)+(258 000×8%÷12)×2=27 340(元)

国内费用=27 340÷3 000=9.113(元/双)

国外运费=3 800÷3 000×6.8=8.613(元/双)

客户佣金：CIFC3 报价×3%

银行手续费：CIFC3 报价×0.5%

出口保险费：CIFC3 报价×110%×0.85%

③预期利润：CIFC3 报价×8%

把①至③式代入

CIFC3 报价=实际成本+国内费用+国外运费+客户佣金+银行手续费+出口保险费+预期利润

得：CIFC3 报价=77.915+9.113+8.613+CIFC3 报价×3%+CIFC3 报价×0.5%+CIFC3 报价×110%×0.85%+CIFC3 报价×8%

CIFC3 报价=109.179（元/双）

CIFC3 报价=109.179÷6.8=16.06（美元/双）

6. 再还盘

姚石在 Leisure 公司 3 月 13 日还盘函的基础上,撰写了一封反还盘函,指出我方的产品质量好,款式很吸引人,原报价是十分合理的;并告知与其他厂商相比,我方所用的材料质量是最好的;我方不愿在牺牲质量的前提下低价销售。但考虑到希望与其建立持久业务关系,我方可以在原报价的基础上作一些让步,报价为 CIFC3 16.07 美元/双。与此同时,提醒对方因为近期订单较多,为保证及时装运,建议尽快接受报价并下订单。信函日期:2017 年 3 月 22 日。

To:Leisure Company   Date:March 22nd, 2017

Dear Sir/Madame,

Thank you for your letter dated March 13th, 2017. We would like to let you know that our quotation is reasonable because our products are good in quality and attractive in design. Compared with other manufacturers, the quality of our materials is the best. We are not willing to sacrifice the quality of our products and sell them at lower prices. However, considering that we hope to establish long-term business relationships with you, we would like to make some concessions and quote CIFC3 at USD 16.07/pair Vancouver.

Because we are heavily committed, and will assure you of punctual shipping. Please place the order with us as soon as possible.

Yao Shi

7. 进行出口成交核算

加拿大 Leisure 公司接受姚石 2017 年 3 月 22 日的信函(如下),姚石根据与国外客户最终达成的交易条件开始进行出口成交核算。作出详细的出口合同核算,其中包括:购货总成本、总退税收入、实际采购成本、费用细目及总额(包括国内费用、海洋运费、保险费、佣金)、合同利润额及利润率。(注意:计算过程保留 3 位小数,最后结果保留两位小数。)

Leisure International Trading Corporation

237 Johnson Road, 39210 Vancouver B. C., Canada

Telephone:01-11-4533212   Fax:01-11-4533211

DATE:Mar. 27th, 2017

To:Hunan Huaxing Imp. & Exp. Co., Ltd.

FAX:0086-731-62485801

Dear Sir/Madame,

Thank you for your fax, and we are now pleased to place a trial order with you for Huanle Brand Pac boots Art. No. SH226 USD 16.07 per pair CIFC3 Vancouver.

①Quantity:3,000 pairs.

②Total Amount:USD 48,210.00 (United States Dollars Forty Eight Thousand Two hundred and Ten only）.

③Payment：By an Irrevocable Letter of Credit Payable by Draft at Sight.

④Packing：Each pair should be packed in a box, and six boxes to a carton,3,000 pairs to a 1×40′ FCL container.

⑤Shipment：During May 2017 from China to Vancouver.

⑥Insurance：Full invoice plus 10% more covering All Risks and War Risk as per Ocean Marine Cargo Clauses of PICC, dated 1/1/1981.

In view of the initial order with you, we request you to pay special attention to effecting shipment. If this trial order turns out to be successful, we shall be sending you substantial orders.

Yours Truly,

Gerald Meier

出口成交核算

①成交金额＝16.07×3 000×6.8＝327 828.00（元）

②购货总成本＝86×3 000＝258 000.00（元）

③退税总收入：(86×3 000)÷(1+17%)×11%＝24 256.41（元）

④实际成本＝258 000.00−24 256.41＝233 743.59（元）

⑤业务费用:包装费+(运杂费+商检费+报关费+港区港杂费+其他费用)+(采购总价×贷款利率÷12)×贷款月数＝3×3 000+(12 000+350+150+900+1 500)+(258 000×8%÷12)×2＝27 340（元）

⑥国外运费：3 800×6.8＝25 840（元）

⑦出口保费：327 828×110%×0.85%＝3 065.19（元）

⑧客户佣金：327 828×3%＝9 834.84（元）

⑨银行手续费：327 828.00×0.5%＝1 639.14（元）

上缴利润＝成交金额−实际成本−业务费用−国外运费−出口保费−客户佣金−银行手续费

＝327 828−233 743.59−27 340−25 840−3 065.19−9 834.84−1 639.14

＝26 365.24（元）

利润率＝26 365.24÷327 828×100%＝8.0%

此笔交易预计上缴利润总额为26 365.24元,成交利润率为8.0%。

知识链接

1.关于发盘的几个重要问题

(1)发盘应具备的条件。

按《联合国国际货物销售合同公约》(以下简称《公约》)的解释,构成一项发盘应具备5个条件:①发盘必须是特定人发出的;②发盘必须是订立合同的意旨;③发盘的内容必须十分确定;④发盘必须明确表明发盘人受其约束;⑤发盘必须到达接受人才能生效。

（2）发盘的生效和撤回。

按照《公约》第 15 条的解释，"发盘送达接受人时生效"。

《公约》规定："一项发盘，如果撤回的通知在发盘到达接受人之前或同时到达接受人，即使是不可撤销的，也可以撤回。"但是，要求发盘人要以更快的通信方式使撤回的通知赶在发盘到达接受人之前到达接受人，或与之同时到达。

（3）发盘的撤销。

发盘的撤销不同于撤回，它是指发盘送达接受人（即已生效后），发盘人再取消该发盘，解除其效力的行为。

《公约》第 16 条规定：①在未订立合同之前，如果撤销的通知于接受人发出接受通知之前送达接受人，发盘可以撤销。②但在下列情况下，发盘不得撤销：A. 发盘中写明了发盘的有效期或以其他方式表明发盘是不可撤销的；B. 接受人有理由信赖该发盘是不可撤销的，而且接受人已本着对该发盘的信赖行事，如寻找用户、组织货源等。

（4）发盘的失效。

《公约》第 17 条规定："一项发盘，即使是不可撤销的，于拒绝通知送达发盘人时终止。"另外，以下情况也可造成发盘的失效：

①接受人做出还盘。

②发盘人依法撤销发盘。

③发盘中规定的有效期届满。

④人力不可抗拒的意外事故造成发盘的失效，如政府禁令或限制措施。

⑤在发盘被接受前，当事人丧失行为能力、死亡或法人破产等。

2. 有关接受的几个重要问题

（1）构成接受的条件。

构成一项有效的接受，必须具备以下条件：

①接受必须由特定的受盘人做出。

②接受的内容必须与发盘相符。

③必须在有效期内接受。

（2）接受的方式。

《公约》第 18 条第一款规定："接受人声明或做出其他行为表示同意一项发盘，即为接受，沉默或不行动本身不等于接受。"

（3）接受的生效和撤回。

《公约》采纳的是到达生效的原则。

关于接受的撤回问题，由于《公约》采用的是到达生效原则，因而接受发出后在一定条件下是可以撤回的。《公约》第 22 条规定："接受得到撤回，如果撤回的通知于原接受生效之前或同时送达发盘人。"这一规定说明，接受人发出了接受通知之后，如果反悔，他可以撤回其接受，但条件是，他须保证撤回的通知赶在接受到达发盘人之前传达到发盘人，或者两者同时到达。

模拟操作

1. 填空(成本精确到分,百分比精确到小数点后两位)

品 名	购货成本/元	增值税/%	退税率/%	实际成本/元
篮球	80	17	9	
健身器		17	8	109
手工具	180	17		171

2. 完成出口报价核算与发盘操作(出自外贸业务员考证真题)

(1)阅读以下业务背景资料。

青岛利华有限公司(Qingdao Lihua Co., Ltd.)是一家流通性外贸企业。2017 年 9 月 3 日,该公司外贸业务员李雅收到来自阿联酋客户 Tim Co., Ltd. 的电子邮件,内容如下:

Date:Sep. 3rd,2017

Dear Miss Li,

Thank you for your letter on Aug 12th, 2017 and the latest catalogue.

We are impressed by your Door Handle Article No. DH 5 010 and would appreciate if you can send some detailed information about the best price of 9,000 pairs on FOB Chinese port, CFR Dubai, UAE, payment by D/P at sight.

Awaiting your early offer.

Yours faithfully,

Jan

李雅立即通知门把手的制造商山东淄博五金有限公司报价,次日收到其报价如下:锌合金(Zinc alloy)门把手 9 000 副,人民币 58.5 元/副(含税价),增值税率为 17%。每副装 1 个泡沫纸袋(Foam bag)(含配件),然后装入一个出口标准内盒,每 20 个内盒装一个标准出口纸箱,纸箱尺寸为 57 厘米×31 厘米×31 厘米,每箱毛重为 18.5 千克,净重为 17.5 千克,9 000 副装 1×20′FCL,交货时全额付款,工厂交货。

(2)回答相关问题。

①若 2017 年 9 月 4 日的美元牌价按 1 美元=7.53~7.56 元(人民币)计,公司报价时要求美元按当天牌价的 99% 计算;出口退税率为 5%,退税款利息不计;国内运费为 1 800 元/20′FCL,其他所有国内费用为采购成本的 6%;由青岛至阿联酋迪拜的海运费为 1 800 美元/20′FCL;预期成本利润率为 10%(按采购成本计算)。请核算出口报价。(计算过程中,数值要保留到小数点后 3 位,最后保留到小数点后 2 位。)

②根据以上核算的出口报价和相关条件,用英文书写以下发盘函,要求在 2017 年 9 月 10 日复到有效。装运期为签订合同后 30 天内。

3. 出口还价操作

(1)阅读以下业务背景资料。

2017 年 9 月 1 日,浙江安妮进出口有限公司外贸业务员叶聪华收到英国老客户 Ram

Trading Co.,Ltd. 经理 Phillip Duncan 的电子邮件,该邮件要求对货号 V10033 的黄铜球阀报价并寄样。

当日,叶聪华请长期供应商浙江玉环福可阀门厂就该批黄铜球阀进行寄样和报价。9 月 3 日,叶聪华收到浙江玉环福可阀门厂黄铜球阀的样品、报价及相关信息如下:

1. 产品描述:黄铜球阀,货号 V10033,全通径,镀镍,BSP 螺纹。

2. 产品报价及装箱信息。

规格(英寸)	含税价(元/套)	订购数量(套)	每套重量(千克)	数量/箱(套)	毛重/箱(千克)	净重/箱(千克)	箱/托盘	毛重/托盘(千克)	净重/托盘(千克)
1/2	7.35	17 280	0.15	160	25.00	24.00	27	685.00	675.00
1	15.75	9 600	0.35	60	22.00	21.00	40	890.00	880.00
1~1/2	33.6	3 840	0.75	24	19.00	18.00	40	770.00	760.00
合计		30 720							

其中托盘为木制托盘,托盘尺寸为 1.10 米×0.80 米×1.10 米。

3. 增值税率:17%。

4. 月生产能力:50 000 套/月。

5. 付款方式:交货后 1 周内付款。

6. 交货地点:工厂交货。

当日,叶聪华给 Phillip Duncan 寄样并书写发盘函,支付方式为:30% 货款在合同签订后 15 天内电汇支付,70% 货款凭提单传真件电汇支付;交货期为收到预付款后 45 天内。具体报价如下:

Commodity	Size (inch)	Quantity (sets)	Unit Price (USD/set) CFR Southampton, U.K.
Forged Brass Ball Valves, Article No. V10033, Full Port, Nickel Plated, BSP Thread	1/2	17,280	1.16
	1	9,600	2.48
	1~1/2	3,840	5.31

9 月 9 日,叶聪华收到 Phillip Duncan 回复的电子邮件,具体内容如下:

发件人:duncan@ ram. com 收件人:conghuaye@ annie. com. cn 日 期:2017-09-09 00:51:29 主 题:Counter-offer on Forged Brass Ball Valves 附 件:Forged Brass Ball Valves. jpg	此框贴"阀门"图案 此框尺寸为 5.7 厘米×3.7 厘米

Dear Mr. Ye,

Thanks for your sample of Forged Brass Ball Valves and offer on Sep. 3rd, 2017. We find out that your offer is much higher than that of another Chinese exporter while the products are of the same types. Although we are satisfied with your sample, we cannot accept the price. We will place the firm order if the price can be reduced as follows.

Commodity	Size (inch)	Quantity (sets)	Unit Price (USD/set) CFR Southampton, U. K.
Forged Brass Ball Valves, Article No. V10033, Full Port, Nickel Plated, BSP Thread	1/2	17,280	1.06
	1	9,600	2.26
	1~1/2	3,840	4.82

Meanwhile, the payment should be changed to by D/A at 60 days after B/L date.
The other terms of your offer remain unchanged.
We are looking forward to receiving your early reply.

Best regards.
Phillip Duncan
Manager
Ram Trading Co.,Ltd.
Add:9 Civic Centre Road, Southampton, Hampshire SO14 7SJ, U. K.
Tel:0044-23-80233399
Fax:0044-23-80233396
E-mail:duncan@ ram. com

（2）回答相关问题。

①请根据 Phillip Duncan 的以上回函分析其还价意图。

②2017 年 9 月 9 日的美元汇率按 1 美元=6.82~6.85 元（人民币）计；经查询，该黄铜球阀的 H. S. 编码为 8481801090，海关监管证件代码为 B，出口退税率为 14%；所有国内费用为采购成本的 5%；由中国上海港至英国南安普敦港的拼箱海上运费为 30 美元/立方米。

请根据国外客户还价和 10%预期出口成本利润率（按采购成本计算）分别核算这 3 个规格黄铜球阀的预期采购成本。（计算过程中的数值保留到小数点后 3 位，最后结果保留到小数点后 2 位。）

③9 月 9 日，外贸业务员叶聪华通过磋商，浙江玉环福可阀门厂同意把这 3 个规格黄铜球阀价格分别降到 7. 10 元/套，15. 10 元/套和 32. 00 元/套。经过核算，这 3 个规格黄铜球阀价格分别按 1. 10 美元/套，2. 40 美元/套和 5. 10 美元/套还价。

请结合 9 月 9 日国外客户的回函和以下条件给 Phillip Duncan 书写还盘函。

①付款：20%货款在合同签订后 15 天内电汇支付，80%货款凭提单传真件电汇支付。

②交货：收到 20%货款后 45 天内交货。

③有效期：2017 年 9 月 16 日前复到有效。

4. 根据下列（我方向瑞典某公司出口塑料制品的报价案例）完成一个外贸业务员贸易磋商方案设计

（1）阅读下列背景资料。

我方向瑞典某公司出口塑料一批，情况如下：

商品：塑料制品（PLASTIC PRODUCTS）。

货号：BY200234；包装方式：10 打/箱；尺码：50 厘米×40 厘米×24 厘米；毛/净重：24/18 千克。

供货价：60 元/打；增值税：17%；退税率：9%；国内费用：包装费 5 元/箱。

每个 20 英尺集装箱[①]费用如下：

仓储费 500 元，国内运杂费 800 元，商检费 150 元，报关费 50 元，港口费用 400 元，业务费用 1 200 元，其他费用 2 100 元。

保险：发票金额加成 10%，投保一切险 0.7% 和战争险 0.3%。

海洋运费：从上海到斯德哥尔摩港一个 20 英尺集装箱运费为 1 350 美元。

汇率：人民币对美元为 6：1，公司预期历任率 10%。

（2）业务员应完成的工作任务。

①请根据上述条件，试报该产品的 CIFC5 价格。（起订量为一个 20 英尺集装箱）

②对方还盘 CIFC5 的价格为 9.5 美元，计算我方总利润额和利润率是多少？

③按对方还盘，同时保持 5% 的利润率，则国内供货价应为多少？

④经协调，厂商同意将供货价格降为 57 元，请按 CIFC5 8% 的利润率重报价。

（3）业务员已完成的工作任务。

①设 CIFC5 $=X$

CIFC5＝（出口成本+国内费用）+国外运费+国外保费+佣金+出口利润

出口成本＝采购成本-出口退税额

$\qquad$＝60-60÷（1+17%）×9%＝55.384 6（元/打）

20′FCL 装箱数量＝25÷（0.5×0.4×0.24）＝520（箱）（即 5 200 打）

国内费用＝5÷10+（500+800+50+150+400+1 200+2 100）÷5 200＝1.5（元/打）

国外运费＝1 350÷5 200＝0.259 6（美元/打）

国外保费＝X（1+10%）×（0.7%＋0.3%）

佣金＝5%X

出口利润＝10%X

X＝（55.384 6+1.5）÷6.7+0.259 6+X（1+10%）×（0.7%＋0.3%）+5%X+10%X

X＝10.43（美元）

②设出口利润＝X

CIFC5＝（出口成本+国内费用）+国外运费+国外保费+佣金+出口利润

9.5＝（55.384 6+1.5）÷6.7+0.259 6+9.5×（1+10%）×（0.7%＋0.3%）+5%×9.5+X

X＝0.17（美元）

出口利润＝0.17×6.7×5 200＝5 945.22（元）

销售价格＝9.5×6.7×5 200＝330 980

出口利润＝销售价格×利润率

---

① 20 英尺集装箱解释见本书 52 页。

利润率＝5 945.22÷330 980×100%＝1.80%

③设采购成本（供货价格）＝X

CIFC5＝（出口成本＋国内费用）＋国外运费＋国外保费＋佣金＋出口利润

出口成本＝采购成本－出口退税额

$\qquad$ ＝X－X÷（1＋17%）×9%

20′FCL 装箱数量＝25÷（0.5×0.4×0.24）＝520（箱）　（即5 200打）

国内费用＝5÷10＋（500＋800＋50＋150＋400＋1 200＋2 100）÷5 200＝1.5（元/打）

国外运费＝1 350÷5 200＝0.259 6（美元/打）

国外保费＝9.5×（1＋10%）×（0.7%＋0.3%）

佣金＝5%×9.5

出口利润＝5%×9.5

9.5＝［X－X÷（1＋17%）×9%＋1.5］÷6.7＋0.259 6＋9.5×（1＋10%）×（0.7%＋0.3%）＋5%×9.5＋5%×9.5

X＝57.80（元/打）

④设 CIFC5＝X

CIFC5＝（出口成本＋国内费用）＋国外运费＋国外保费＋佣金＋出口利润

出口成本＝采购成本－出口退税额

$\qquad$ ＝57－57÷（1＋17%）×9%

20′FCL 装箱数量＝25÷（0.5×0.4×0.24）＝520（箱）　（即5 200打）

国内费用＝5÷10＋（500＋800＋50＋150＋400＋1 200＋2 100）÷5 200＝1.5（元/打）

国外运费＝1 350÷5 200＝0.259 6（美元/打）

国外保费＝X（1＋10%）×（0.7%＋0.3%）

佣金＝5%X

出口利润＝8%X

X＝［57－57÷（1＋17%）×9%＋1.5］÷6.7＋0.259 6＋X（1＋10%）×（0.7%＋0.3%）＋5%X＋8%X

X＝9.7（美元）

(4)根据上述工作任务撰写《外贸业务员贸易磋商方案设计》。

设计方案主要内容要求如下：

①建立业务关系函。

②询盘函。

③报价和还价核算步骤。

④发盘函。

⑤接受函。

项目 3　出口合同订立

【工作情景】

　　湖南华兴进出口有限公司收到加拿大 Leisure 公司 2017 年 3 月 27 日的接受函后，根据与国外客户最终达成的交易条件，核算出成交金额为 327 828.00 元，上缴利润总额为 26 365.24 元，成交利润率为 8.0%，结果基本满意，于是双方开始订立出口合同。

【任务布置】

　　1. 认识出口合同。

　　2. 出口公司给国外客户寄出成交签约函，感谢对方的订单，说明随寄售货确认书，催促迅速会签合同，并希望信用证在 4 月 25 日前开到。

【操作提示】

　　1. 出口合同是什么样的？

　　2. 什么样的合同才是有效合同？

　　3. 在合同中应主要订立哪些内容？

【课前学习任务】

任务 3.1　认识出口合同

1. 合同的形式（Form of Contract）

　　根据我国相关法律，当事人订立合同可采用书面形式、口头形式或其他形式，这 3 种形式具有相同的法律效力。但是，有些国家的法律法规强调必须采用书面合同。因此，一般说来，签订一定格式的书面合同会有利于合同的履行。合同的主要形式如图 3-1 所示。

图 3-1

2. 合同的基本格式

合同的基本格式如图 3-2 所示。

图 3-2

3. 出口合同的主要内容

出口合同的主要内容如图 3-3 所示。

图 3-3

任务 3.2 制作合同

1. 拟订品名条款

买卖合同中的品名条款是在"品名"的标题下,列明缔约双方同意买卖货物的名称。

2. 拟订品质条款

合同中应明确具体地规定货物的品质,如规格/等级、标准、商标/品牌名、产地名称等。凭样品买卖时,应列明样品的编号和提供的日期。凭标准买卖时,一般应列明所引用的标准和标准的版本、年份。

3. 拟订数量条款

在数量条款中要订明成交货物的具体数量和计量单位。按质量成交的商品,还需订明计算质量的方法。有些大宗商品,如粮食、矿砂、化肥、食糖等,由于货物的性质难以准确地按约定数量交货,一般会对数量机动幅度条款/数量增减条款/溢短装条款(More or Less Clause)作出规定。

4. 拟订包装条款

在包装条款中要订明包装材料、包装方式、包装件数、包装标志和包装费用等内容。

5. 拟订价格条款

在价格条款中要订明商品的单价(Price on Unit)和总值(Total Amount)。

6. 拟订装运条款

班轮运输的装运条款主要包括装运时间、装运港、目的港、是否允许分批与转船、装运通知。租船运输的装运条款还有滞期、速遣等项内容。

7. 拟订保险条款

在保险条款中要订明保险投保人、保险公司、保险险别、保险费率和保险金额的约定等事项。

8. 拟订支付条款

在支付条款中要订明支付工具、支付方式、支付时间和支付地点。

9. 拟订争议处理条款

1)拟订检验条款
在检验条款中主要应订明检验方式、检验内容、检验机构及检验费用的承担。

2）拟订索赔条款

在索赔条款中主要应订明索赔的依据、索赔的期限、索赔的办法等。

3）拟订不可抗力条款

它是一项免责条款，主要应订明不可抗力事件的规定、不可抗力事件的处理以及不可抗力事件的通知和证明。

4）拟订仲裁条款

在仲裁条款中主要应订明仲裁地点、仲裁机构、仲裁程序规则、仲裁裁决的效力、仲裁费用的负担等。

【课上操作任务】

制作成交签约函。

在项目2中，国外客户 Leisure 公司给华兴公司发出接收函后，并附上了订单，姚石的助手外贸跟单员小刘审核订单（No. LES97100）完毕之后，认为该订单可以执行。于是，姚石根据来往的函电和订单开始缮制销售确认书（No. LX-LESSC10）。

湖南华兴进出口有限公司

Hunan Huaxing Imp. & Exp. Co., Ltd.

中国长沙五一路58号

58 Wuyi Road Changsha China

TEL：0086-731-62485800　　FAX：0086-731-62485801

DATE：April 1st, 2017

Dear Sirs,

Thank you for your order No. LES97100, we are sending you the Sales Confirmation No. LX-LESSC10 in duplicate. Please countersign them and return one copy for our record.

As the date of shipment is approaching, please kindly inform your bank to issue the relevant sight L/C in our favor. The L/C has to reach here before April 25th, 2017, otherwise the shipment might be delayed.

Best regards.

Yours truly,

Yao Shi

SALES CONFIRMATION

S/C NO.：LX-LESSC10

Date：April 1st, 2017

The Seller：Hunan Huaxing

Imp. & Exp. Co., Ltd.

Address：58 Wuyi Road

The Buyer：Leisure International

Trading Corporation

Address：237 Johnson Rd. 39210

Changsha China   Vancouver B. C., Canada

Marks & No.	Commodity & Specifications	Unit	Quantity	Unit Price (USD)	Amount (USD)
Leisure LES97100 Vancouver 1~500CTNS	Huanle Brand Pac boots ART NO. SH226	pair	3,000	CIFC3 Vancouver	
				16. 07	48,210. 00
TOTAL CONTRACT VALUE:		Say United States Dollars Forty Eight Thousand Two Hundred and ten only.			

PACKING:Each pair to be packed in one box, six boxes one carton, and 3,000 boxes 1×40′ FCL, total: 500 cartons

SHIPMENT:To be effected by the seller during May, 2017 with transhipment and partial shipment allowed.

PORT OF LOADING & DESTINATION: From Guangzhou China to Vancouver Canada

PAYMENT:The Buyer should open an Irrevocable Sight Letter of Credit for full amount of the invoice through a bank acceptable to the seller. The L/C should reach the Seller before April 25th and valid for negotiation in Changsha until the 15th day after the date of shipment.

INSURANCE:To be covered by the seller for 110% of total invoice value against All Risks and War Risk as per the Ocean Marine Cargo Clauses of PICC Dated Jan.1st, 1981.

Confirmed by:

THE BUYER

THE SELLER

Hunan Huaxing Imp. & Exp. Co.,Ltd.

Yao Shi

REMARKS:

1. The buyer shall establish the covering letter of credit which should reach the seller 30 days before shipment, failing which the seller shall have the right to rescind this contract without further notice, or to lodge a claim for losses thus sustained, if any.

2. In case of any discrepancy in quality/quantity, claim should be filed by the buyer within 30 days after the arrival of the goods at port of destination; while for quantity discrepancy, claim should be filed by the buyer within 15 days after the arrival of the goods at port of destination.

3. The seller shall not be responsible for failure or delay in delivery of the entire lot or a portion of the goods here due to natural disasters, war or other causes of force majeure, however, in such case the seller shall submit to the buyer a certificate issued by the China Council for the Promotion of International Trade attesting such event(s).

5. All disputes arising from the execution of, or relating to this contract, shall be settled through negotiation. In case no settlement can be reached through negotiation, the case shall then be submitted to the China international economic and trade arbitration commission for arbitration in accordance with arbitral rules. The arbitration shall take place in Changsha. The arbitration award is final and binding upon both parties.

6. The buyer is requested to sign and return one copy of this contract immediately after receipt of the same.

7. Special conditions: These shall prevail over all printed terms in case of any conflict.

知识链接

1. 合同审核

对进出口合同进行审核十分重要,在实际业务中,业务员要制作"出口合同审核表",如表 3-1 所示,并通常将合同审核的工作任务交给跟单员来完成,审核的要点包括品名、规格、单价、数量、总金额、贸易术语、装运时间、装运港和目的港、包装、保险、付款、方式、码头及双方约定的其他条款等。

表 3-1

出口合同审核表							
出口方				进口方			
业务主管	货物名称	成交条件	装运港	目的港	集装箱量	运费率（%）	运费额（USD）
品名	成交数量	毛重/KG	净重/KG	长/CM		宽/CM	高/CM
合计				总尺码			
货号	计量单位	包装件数	包装方式	单价/元	总额/元	单价(USD)	总额(USD)
合计				货款支出		货款收入	
核算资料							
汇率	保险费率	加成比率	佣金率	包干费率	增值税率	退税率	定额费用率
合同核算			人民币/RMB			美元/USD	
收入:	销售收入						
	退税收入						
支出:	出口运费						
	出口保费						
	客户佣金						
	购货成本						
	国内费用						
利润:	利润额						
	利润率						

2. 商品品名命名的常用方法

商品命名的常用方法如图 3-4 所示。

命名品名的常用方法	以其主要用途命名	突出其用途,便于消费者按其需要购买。如织布机、旅游鞋、杀虫剂、自行车等
	以其所使用的主要原材料命名	能通过突出所使用的主要原材料反映出货物的质量。如棉布、涤纶纱、羊毛衫、不锈钢锅、玻璃杯、冰糖燕窝等
	以其主要成分命名	可使消费者了解货物的有效内涵,有利于提高货物的身价。一般适用于以大众所熟悉的名贵原材料制造的货物。如西洋参、蜂王浆、人参、珍珠霜等
	以其外观造型命名	有利于消费者了解该货物特征。如绿豆、喇叭裤、宝塔线、纸管等
	以其褒义词命名	能突出货物的使用效能和特性,有利于激发消费者的购买欲望。如青春宝等
	以人物名字命名	以著名历史人物或传说中的人物命名以引起消费者的注意和兴趣。如孔府家酒等
	以制作工艺命名	目的在于提高货物的威望,增强消费者对该货物的信任。如精制油、二锅头烧酒等

图 3-4

3. 关于订立商品品质条款的一些问题

规定商品品质的方法如表 3-2 所示,应根据不同商品特点进行适当的选择。

表 3-2

表示方法	细　目	含　义
实物表示法	凭货物的实际品质表示法（Sale by Actual Quality）	买卖双方根据实际的货物情况,看货成交
	凭样品表示法（Sale by Sample）	凡以样品表示商品品质并以此作为交货依据的称为凭样品买卖(样品通常是指从一批商品中抽出来的或由生产、使用部门设计、加工出来的,足以反映和代表整批商品品质的少量实物)
说明表示法	凭规格表示法（Sale by Specification）	用具体指标表示商品品质的交易称为凭规格买卖。这种方法较科学、简单、方便,在国际贸易中广泛应用
	凭等级表示法（Sale by Grade）	用商品等级表示商品品质的交易称为凭等级买卖(商品的等级是指同类商品按其规格品质的不同分为不同等级)
	凭标准表示法（Sale by Standard）	用商品标准表示品质进行买卖的方式称为凭标准买卖,标准是以科学、技术和实践经验的综合成果为基础,经有关方面协商一致,由主管机构批准,以特定形式发布,作为共同遵守的准则和依据。如我国机电产品为了打入欧洲市场,采用 IEC(国际电工委员会)和 NEMA(美国全国电气制造商协会)的标准

续表

表示方法	细 目	含 义
说明表示法	凭说明书和图样表示法 (Sale by Descriptions and Illustrations)	用说明书以及图样、照片、分析表和有关数据,来具体反映商品的性能、构造特点及其他品质情况的买卖方式
	凭品牌、商标或产地名称表示法 (Sale by Brand, Trade Mark or Place of Origin)	用品牌、商标或产地名称表示商品品质的买卖方式

4. 关于订立商品数量条款的一些问题

货物计量单位类别及应用情况如表3-3所示。

表3-3

计量单位	应用情形	常见单位
质量单位(Weight Units)	主要适用于羊毛、棉花、谷物、矿产品、盐、油类等天然矿产品;农副产品及矿砂,钢铁等部分工业制品	公吨(Metric Ton, MT),长吨(Long Ton, L/T),短吨(Short Ton, S/T),千克(Kilogram, KG),克(Gram, G),盎司(Ounce, OC),公担(Q),英担(BWT),美担(CWT)等
个数单位(Number Units)	主要适用于成衣、文具、纸张、玩具、车辆、拖拉机、活牲畜、机器零件等杂货类商品及一般制成品	只(PC),件(Piece, PCS),双(Pair, PR),套/台/架(Set, ST),打(Dozen, DZ),卷(Roll),令(Ream),罗(Gross, GR),袋(Bag, B)和包(Bale, B),部(Unit),箱(Case),张(Plate, PT),辆(Unit),头(Head),捆(Buddlc, BDL),桶(Barrel, DR),听(Tin, Can)等
长度单位(Length Units)	主要适用于布匹、塑料布、电线、电缆、绳索、纺织品等	米(Meter, M),英尺(Foot, FT),厘米(CM),码(Yard, RD),英寸(Inch, IC)等
面积单位(Area Units)	主要适用于木材、玻璃、地毯、铁丝网、纺织品、塑料板、皮革等板型材料,皮质商品和塑料制品	平方米(Square Meter, SQM),平方英尺(Square Foot, SQFT),平方英寸(Square Inch, CUINCH),平方码(Square Yard, CURD)等
体积单位(Volume Units)	主要适用于化学气体、木材等	立方米(Cubic Meter, CUM),立方英尺(Cubic Foot, SQFT),立方英寸(Cubic Inch, CUINCH),立方码(Cubic Yard, CURD)等

续表

计量单位	应用情形	常见单位
容积单位(Capacity Units)	主要适用于小麦、玉米等谷物以及汽油、天然瓦斯、化学气体、煤油、酒精、啤酒等流体、气体物品	蒲式耳(Bushel，BU)，公升(liter，L)，加仑(Gallon，GAL)等

5. 关于订立货物包装条款的一些问题

货物的包装包括内包装和外包装，内包装又称为销售包装，外包装又称为运输包装。

1) 关于销售包装的一些问题

销售包装的制作要刷制条形码(Product Code)。物品条形码表示一定的信息，它通过光电扫描阅读装置录入相应的计算机网络系统，即可判断出该种货物的生产国别、地区、生产厂家、品种规格及售价等。为适应国际市场需求和扩大出口，1991 年 4 月，我国正式加入国际物品编码协会，该协会分配给我国的国别号为 690，691 和 692(不包括港、澳、台地区)。凡标有 690，691 和 692 条码的商品即表示中国出口的货物，此外，我国的书籍代码是 978，杂志代码是 977。条形码标志主要用于商品的销售包装。它不仅能够促进和扩大商品在各国商场内的销售，而且使得货物的分类和输送更为迅速、准确，极大地方便了货物的储存和运输，总之，条形码是商品能够流通于国际市场的一种通用的国际语言和统一编号，是商品进入超市和大型百货商店的先决条件。

2) 关于运输包装的一些问题

(1) 纸箱包装与集装箱的配合。

在设计制作纸箱的同时，可以根据货物的体积、形状来定制，要将集装箱的重量和容积考虑进来，以便合理计算内装件数，尽可能占用集装箱空间，减少运费损失。

(2) 在实际业务中，经常使用的集装箱有以下两种：

①20 英尺集装箱，也称 20 英尺货柜，它是国际上计算集装箱的标准单位，英文为 Twenty-foot Equivalent Unit，简称"TEU"。规格为 8 英尺(约 2.4 米)×8 英尺(约 2.4 米)×20 英尺(约 6.1 米)，内径尺寸：5.9 米×2.35 米×2.38 米，最大毛重为 20 吨，最大容积为 31 立方米，一般可装 17.5 吨或 25 立方米。

②40 英尺集装箱。规格为 8 英尺(约 2.4 米)×8 英尺(约 2.4 米)×40 英尺(约 12.2 米)，内径尺寸：12.03 米×2.35 米×2.38 米，最大毛重为 30 吨，最大容积为 67 立方米，一般可装 25 吨或 55 立方米。一个 40 英尺(约 12.2 米)集装箱相当于 2 个 TEU。

小案例

某公司出口童车至加拿大的多伦多，童车 4 辆装 1 纸箱，纸箱尺码为 75.5 厘米×44 厘米×30 厘米，请计算一个 20 英尺的集装箱可装多少辆童车？

(1) 运输包装标志。

①运输标志(Shipping Mark)。

运输标志俗称唛头，由一个简单的几何图形和字母、数字、简单文字组成。通常印刷在外包装明显的部位，也是唯一体现在装运单据上的包装标志。

为适应多式联运及电子计算机在运输、单证制作和流转方面的应用，国际标准化组织和国际货物装卸协会推荐使用的标准运输标志由4部分构成:收货人名称缩写、参考号、目的地、件数代号。

运输标志中的参考号常用订单号、合同号、信用证号、发票号码等。目的地表明货物最终运抵地点,通常为港口。如需转运则标明转运的地点,例如:London Via Hongkong,这里指在中国香港转船。

②指示性标志(Indicative Mark)。

指示性标志是指针对易碎、易损、易变质的商品的性质,用醒目的图形和简单的文字提醒有关人员在装卸、搬运和储存时应注意的事项。例如:"小心轻放""易碎""防湿""防热""防冻""由此吊起""由此开启""重心点"等。文字最好使用中英文两种。

③警告性标志(Warning Mark)。

警告性标志又称危险品标志,是指对一些易燃品、爆炸品、有毒品、腐蚀性物品、放射性物品等危险品在其运输包装上清楚而明显刷制的标志,以示警告。

除上述包装标志外,在货物的包装上一般还需刷制侧唛,即每件货物的品名、货号、装箱数量及配比、毛重(Gross Weight)、净重(Net Weight)、包装容器的体积(Capacity)和货物的产地(Made in China)等标志。

3)中性包装和定牌、无牌

采用中性包装和定牌、无牌,是国际贸易中常用的习惯做法。

中性包装是指在商品和内外包装上不注明生产国别和生产厂名,也不注明商标或牌号的包装。中性包装分两种:无牌中性包装和定牌中性包装。前者指既无生产地名和厂商名称,又无商标、牌号;后者指包装上仅有买方指定的商标或牌号,但无生产地名和出口厂商的名称。采用中性包装,是为了打破某些进口国家或地区的关税和非关税壁垒以及适应交易的特殊需要(如转口贸易等),它是出口国厂商加强对外竞争和扩大出口的一种手段,在外贸业务中可酌情采用。但在实际业务中必须注意避免触犯某些国家的法律或侵犯第三方工业产权的行为。

定牌是指卖方按买方要求在出售的商品或包装上使用买方指定的商标和牌号。其目的是利用买方的经营能力、商业信誉或名牌声誉,以提高售价和扩大销路。出口企业在接受客户定牌的同时,还要注意买方商标或品牌的合法性,防止侵犯他人工业产权。

无牌是指按买方要求,卖方在其出售的商品或包装上免除任何商标和牌号。其主要目的是避免浪费、节约广告费用、降低销售成本,以薄利多销。主要用于半制成品和低值易耗的日用消费品。

6.关于订立货物的装运条款的一些问题

(1)国际货物运输方式的主要种类如表3-4所示。

表3-4

种 类	细 目	次细目
海洋运输(Ocean Transport)	班轮运输(Liner Transport)	
	租船运输(Charter Transport)	定程租船(Voyage Charter)
		定期租船(Time Charter)
		光船租船(Bare Boat Charter)

续表

种 类	细 目	次细目
铁路运输(Railway Transport)	国际铁路联运	
	国内铁路运输	铁路转运
		港澳铁路转运
航空运输(Air Transport)	班机运输(Airline Transport)	
	包机运输(Chartered Carrier Transport)	
	集中托运(Consolidation)	
	航空快递(Air Express Service)	
公路运输(Road Transport)		
内河运输(Inland Transport)		
邮政运输(Parcel Transport)		
管道运输(Piping Transport)		
集装箱运输(Container Transport)		
国际多式联运 (International Multimodal Transport)		
大陆桥运输(Land Bridge Transport)	西伯利亚大陆桥	
	欧亚大陆桥	第一欧亚大陆桥
		第二欧亚大陆桥
		第三欧亚大陆桥
		泛欧亚大陆桥
	北美大陆桥	

(2)国际货物运输常见货运单证种类如表3-5所示。

表3-5

中文名称	英文名称	英文简称
国际货物托运委托书	Shipper's Letter of Instruction Booking Note	B/N
装货单	Shipper's Order	S/O
收货单	Mate's Receipt	M/R
集装箱设备交接单	Equipment Interchange Receipt	EIR
集装箱装箱单	Container Load Plan	CLP
集装箱场站收据	Dock Receipt	D/R
海运提单	Bill of Lading	B/L
海运单	Sea Way Bill	SWB
提货单	Delivery Order	D/O

续表

中文名称	英文名称	英文简称
载货清单	Cargo Manifest	M/F
装货清单	Loading List	L/L
国际多式联运提单	Combined Transport Bill of Lading	CT B/L
拼箱装货清单	Consolidated Cargo Manifest	CCM
承运货物收据	Cargo Receipt	C/R
航空总运单	Master Air Way Bill	MAWB
航空分运单	House Air Way Bill	HAWB
交付凭证	Proof of Delivery	POD
货物运费更改通知单	Cargo Charges Correction Advice	CCA

海运提单的主要种类如图 3-5 所示。

图 3-5

（3）海运（Ocean Transport）出口货物的运作程序。

海运出口货物的运作程序根据贸易条件不同而有所差别。CIF 贸易条件下班轮装运程序是：订舱、报验、办理保险、货物进港、报关、装船、发装船通知、支付运费。

（4）航空运输办理出口货物的程序。

①出口单位向空运代理（以下简称"空代"）提供"空运货物出口委托书"和出口合同各一份。

②空代根据委托书向航空公司办理订舱手续，订妥后及时通知发货人备货和准备单证。

③出口单位备妥货物及所有出口单证后送交空代，以便办理报关手续。

④空代接货时，根据发票、装箱单，逐一清点、核对，查验有无残损。

⑤空代向航空公司交货时，应预先制作交接清单，一式两份。

⑥空代将报关单证交海关后，如未发现问题，便在"航空运单"正本、"出口收汇核销单"和"出口报关单"上加盖放行章。

⑦出口单位凭空代签发的"分运单"向银行办理结汇。如果出口单位向航空公司托运，就凭其签发的"主运单"办理结汇。

⑧货到目的地后，航空公司以书面或电话通知当地空代或收货人提货。

（5）国际铁路联运及国内铁路货物运输托运程序。

①国际铁路联运托运程序。

A. 出口单位或货代向铁路车站填报铁路运单，一式五联。第三联为"运单副本"，由始发站盖章后交发货人供办理货款结算和索赔用；第五联为"到达通知单"，随货物交收货人。

B. 始发站审核运单合格后签署货物进站日期或装车日期，表示接受托运。

C. 发货人按照规定日期将货运往车站或指定的货位。

D. 车站核对单货无误，装车后由始发站在运单上加盖承运日期戳，负责发运。火车装运完毕后加以施封，铅封内容有站名、封志号、年、月、日。

E. 对零担货、发货人无须事先安排要车计划，但须向始发站申请托运，车站受理后，发货人按指定日期将货运到车站，经检查、过磅后交铁路保管，车站在运单上加盖承运日期戳，负责发运。

②国内铁路货物运输托运程序。

A. 出口单位或货代（当地外运公司）向当地铁路部门办理托运后，均凭托运地外运公司签发的"承运货物收据"（Cargo Receipt）向银行办理结汇。

B. 出口单位或货代应委托外运公司为收货人办理接货、保管、租车过轨等中转手续。

C. 出口单位或货代将有关单证，如"供港货物委托书"、"出口许可证"（如需要）、"报关单"、"商检证"、"商业发票"、"装箱单"或"重量单"等寄给外运公司，货物装车后 24 小时内发起运电报以便外运公司办理中转。如发生单证不全或有差错、电报不及时、发生货物破损、变质、被盗等，货车不能过轨，造成压车留站，需支付很多压车费用。

D. 凡具备过轨手续的货车，由外运公司报关，经海关审单无误后，即会同联检单位对过轨货车进行联检，没有问题则由海关、边检站共同在"出口货车组成单"上签字放行。

E. 放行后的货车由铁路运到境内最后一站区，然后验收并托运过境。过境后由承运人向海关报关,并在境内最后一站办理起票,承运后,即将过轨货车送到目的站,由承运人负责卸车并将货物分别交给收货人。

(6)集装箱运输(Container Transport)的机构、装箱/交接方式及其出口操作程序。

①集装箱运输机构。

A.集装箱堆场(Container Yard, CY)。

B.集装箱货运站(Container Freight Station, CFS)。

②集装箱运输的装箱/交接方式。

A.装箱方式。

a.整箱货(Full Container Load, FCL):适用于货方的货量可以装满一个或数个整箱的情况。整箱货由货方在工厂或仓库自行装箱,也可由承运人代为装箱,装箱后加锁、铅封并打上印记,直接送往集装箱堆场(Container Yard, CY)等待装运,承运人也可在内陆转运站接箱。货到目的港(地)后收货人可直接从目的港(地)集装箱堆场提走。

b.拼箱货(Less Than Container Load, LCL):拼箱货是指货量不足一整箱,由货方将货物运到集装箱货运站或内陆转运站(Container Freight Station, CFS),再由承运人或其代理人根据货物的性质和所到目的地进行分类整理,将不同发货人的货物拼装在一个集装箱内,货到目的港(地)后,由承运人拆箱后分拨给各收货人。

B.交接方式(4种9类)。

a.FCL—FCL(整箱交,整箱收),适用于CY—CY(场到场),Door—Door(门到门),CY—Door(场到门),Door—CY(门到场)。

b.FCL—LCL(整箱交,拆箱收),适用于CY—CFS(场到站),Door—CFS(门到站)。

c.LCL—FCL(拼箱交,整箱收),适用于CFS—CY(站到场),CFS—Door(站到门)。

d.LCL—LCL(拼箱交,拆箱收),适用于CFS—CFS(站到站)(很少使用)。

其中CY—Door,Door—Door,CFS—Door目的港至收货人仓库这段路运费很难掌握,故一般不接受。

③集装箱运输的出口操作程序。

A.订舱(即订箱)。货代填制托运单,办理订箱手续。

B.接受托运并出具手续。船方接受订舱后在托运单上加填船名、航次和编号(该编号与提单号一致),同时还应在装货单上加盖船公司或其代理的图章以示确认,然后将有关各联退还发货人,或供货代办理报关、装船和换取提单之用。

C.发送空箱。整箱货所需空箱由船方运交,或由发货人领取;拼箱货所需空箱在货运站领取。

D.整箱货的装箱与交货。发货人收到空箱后,应在装箱前(不晚于24小时)向海关报关,并在海关监督下装箱。装箱完毕后,由海关在箱门处施加铅封,堆场清点收货箱无误后,代表船方在场站收据上签字并将该收据退还来人,证明收到货物,并开始承担责任。

E.拼箱货的装箱与交货。发货人可先报关,然后将货物递交货运站;也可委托货运站办理报关,则发货人应将报关"委托书"及报关所需单证连同货物一并交货运站。货运站收货后再进行拼装。这时最好派人去现场监装,以防短装、漏装、错装。货运站清点收货或在拼装完毕后,代表船方在场站收据上签字并将该收据退交发货人,证明收到货物并开始承担责任。

F.货物进港。发货人或货运站接到装船通知后于船舶开装前 5 天将重箱运进指定港区备货,通常在船舶吊装前 24 小时截止货箱进港。

G.换取提单。场站收据是船方收货的凭证,也是发货人换取提单的唯一凭证。

H.货箱装船。集装箱船在码头靠泊后,便由港口理货员按照积载计划装船。

I.寄送资料。船公司或其代理应于船舶开航前 2 小时向船方提供"提单"副本、"订仓单"、"装箱单"、"积载图"、"特种集装箱单"、"危险货物说明书"、"冷藏集装箱清单"等随船资料,并于起航后(近海 24 小时内,远洋 48 小时内)以电告或邮寄方式向卸货港或中转港发出卸船的必要资料。

(7)国际多式联运(International Multimodal Transport 或 International Combined Transport)。

①国际多式联运应具备的条件。

A.多式联运经营人与托运人之间要签订一份多式联运合同,以明确双方的权利、义务、责任和豁免。

B.必须通过两种或两种以上运输方式的连贯运输。

C.必须使用一份包括全程的多式联运单据(Multimodal Transport Documents,MTD)(我国使用 C. T. B/L)。

D.必须由一个多式联运经营人对全程运输负总的责任,并由多式联运经营人对全程负责。

E.必须是国际间的货物运输。

F.必须是全程统一运价,一次收取。其中包括全程各段运费的总和、经营管理费用和合理利润。

②国际多式联运经营人的性质。

国际多式联运经营人具备双重身份,对货主来说它是承运人,对实际承运人来说,它又是托运人。目前,我国有"外运""中远"等航运公司可经营多式联运业务。

③国际多式联运的货物托运和交接方式。

A.货物托运。多式联运经营人根据托运人的委托安排运输路线,进行订舱(或订车)委载,办理接货、仓储、装箱,再将集装箱发往实际承运人指定的场站备运。起运后,由实际承运人向多式联运经营人签发提单或运单(提单上的发货人为多式联运经营人,收货人及通知方应为多式联运经营人的国外分支机构或其代理),同时由多式联运经营人向托运人签发多式联运提单(多式联运提单上的收货人和发货人是真正的、实际的收货人和发货人,通知方则是目的港或最终交货地址的收货人或该收货人的代理人)。根据托运人的要求,既可签发可转让的,也可签发不可转让的"多式联运提单"。如属前者,收货人一栏采用指示抬头;如属后者,收货人一栏列明收货人名称,并注明不可转让。托运人凭证办理结汇。

B.交接方式。国际多式联运下的集装箱交接方式与一般集装箱运输相同,也是 4 类 9 种方式。

④多式联运单据(Multimodal Transport Documents, MTD)。

多式联运单据是证明多式联运合同以及证明多式联运经营人已收到指定货物并负责按合同条款运输货物到目的地的单据。它是货物所有权的凭证,可以凭单据提取货物,也可以凭单据进行转让、流通或抵押。

表面上看,它与海运提单中的联运提单有共同之处,但是从本质上看,两者仍有较大区别。其主要区别如下:

A. 适用的运输方式不同。两者所适用的运输方式虽然都是至少两种不同运输方式组成的联合运输,但是,联运提单中适用于海运与其他不同的运输方式尤其是以海运为第一运输所组成的联合运输,而多式联运单据所适用的多式联运是任何两种或两种以上不同运输方式组成的联合运输。

B. 签发运输单据人的身份不同。联运提单由第一程的承运人或其代理人签发,而多式联运单据由多式联运经营人或其代理人签发。

C. 签发运输单据人的责任范围不同。联运提单与多式联运单虽然都是包括全程运输的联合运输单据,但是,签发海运提单的承运人仅对第一程运输负责,而签发多式联运单据的承运人要对全程运输负责。

⑤多式联运的优点及应注意的问题。

A. 优点:责任统一,手续简便;运输时间缩短,货运质量高,中途无须拆箱倒载;节省运杂费、利息支出(如,货物装上运输工具即可结汇,提前7~10天结汇,减少利息开支)。

B. 应注意的问题:所运货物应适合集装箱运输,装运港和目的港应有集装箱航线和装卸设备,装箱点和起运点应办理海关手续。

(8)大陆桥运输(Land Bridge Transport)。

大陆桥的意思是在茫茫大海之中把一块大陆当作桥梁。大陆桥运输是指将横贯大陆上的铁路或公路运输系统作为中间桥梁,把大陆两端的海洋连接起来的运输方式。大陆桥运输一般是以集装箱为媒介,故又称国际铁路集装箱运输,也称大陆桥集装箱运输。

国际贸易货物使用大陆桥运输具有运费低廉、运输时间短、货损货差率小、手续简便等特点,大陆桥运输是一种经济、迅速、高效的现代化的运输方式。

大陆桥运输是集装箱运输开展以后的产物,始于1967年,发展到现在已形成西伯利亚大陆桥、欧亚大陆桥和北美大陆桥3条大陆桥运输路线。

小链接

在美国,有一种OCP(Over Common Point,意为"内陆地区")运输方式,是指货运目的地为美国内陆的一个区域,海运货物卸在沿海港口后再陆运到内陆运输可到达地区(或反向)的一种运输方式。根据美国运费率规定,内陆地区是指以美国西部9个州为界,美国落基山脉以东的地区,其范围约占美国大陆的2/3。OCP的运费率比其他运费率低。凡经OCP运输方式或运输的货物,不仅可享受美国内陆运输的优惠费率(比一般费率低3%~5%),还可享受OCP海运的优惠费率(比一般正常海运运费低3~5美元)。对此我们可充分加以利用。但要注意:①货物最终目的地必须是OCP地区范围;②货物必须经美国西海岸港口中转;③装货单、提单、唛头上必须注明OCP字样,并加注内陆地区城市名称。

7. 关于订立货物保险条款的一些问题

(1)海上货物运输保险的基本原则。

①可保权益原则(Insurable Interest)。

可保权益原则是指投保人或被保险人与保险标的之间有利益关系。

②最高诚信原则(Utmost Good Faith)。

最高诚信原则是指当事人双方在签订保险合同时必须诚实、守信。

③补偿原则和代位追偿原则(Indemnity and Subrogation)。

补偿原则是指凡是在保险人承保责任范围内发生的损失,保险人应作赔偿,但赔偿金额不能超过保险金额或实际损失,且以两者中低的为限。

代位追偿原则是指保险人赔偿之后,有权取代被保险人的地位,获得被保险人向第三者进行追偿的权益,或获得货物的有关权益。

④权益转让原则(Interest Transfer)。

权益转让原则是指保险单是可以背书转让的,保险单的转让不需要保险人的同意,也不需要通知保险人。在CIF、CIP等贸易术语条件下,卖方(投保人)将提单、保险单等合格的单据交银行议付货款,即转让了保险单,保险事故发生后,买方即可凭该保险单向保险人索赔。

⑤近因原则(Proximate Cause)。

近因原则是指如果引起货物损失的最直接原因是承保责任范围内的,保险人要赔偿;若承保的风险不是造成损失的最直接原因,保险人不赔偿。

(2)《中国保险条款》(CIC)中所列海上货物保险常用条款及险别(1981年1月1日修订本)如表3-6所示。

表3-6

基本险 (Basic Risk)		平安险 FPA(Free from Particular Average)
		水渍险 WPA(With Particular Average)
		一切险 All Risks
附加险 (Additional Risk)	一般附加险 (General Additional Risk)	偷窃、提货不着险(Theft, Pilferage & Non-delivery)
		淡水雨淋险(Fresh Water & Rain Damage)
		短量险(Risk of Shortage)
		混杂、玷污险(Risk of Intermixture and Contamination)
		渗漏险(Risk of Leakage)
		碰损、破碎险(Risk of Clash and Breakage)
		钩损险(Hook Damage)
		受潮受热险(Damage Claused by Sweating and Heating)
		包装破裂险(Breakage of Packing)
		串味险(Risk of Odour)
		锈损险(Risk of Rust)

续表

附加险 （Additional Risk）	特别附加险 （Special Additional Risk）	交货不到险（Failure to Delivery）
		进口关税险（Import Duty Risk）
		舱面险（On Deck Risk）
		拒收险（Rejection Risk）
		黄曲霉素险（Anatoxn Risk）
		出口货物到中国香港（包括九龙在内）或中国澳门存仓火险责任扩展条款（Fire Risk Extension Clause for Storage of Cargo at Destination Hongkong, including Kowloon or Macao）
	特殊附加险 （Particular Additional Risk）	战争险（War Risk）
		罢工险（Strikes Risk）
		战争险的附加费用险 （Additional Expense-war Risk）

CIC 中 3 种基本险别责任大小比较如表 3-7 所示。

表 3-7

险　别	责任大小	责　任
平安险	最小	对自然灾害造成的全部损失和意外事故造成的全部和部分损失负赔偿责任，面对自然灾害造成的部分损失，一般不负赔偿责任
水渍险	居中	凡因自然灾害和意外事故造成的全部和部分损失，保险公司均负责赔偿
一切险	最大	除包括平安险、水渍险的责任范围外，还包括被保险货物在运输途中，由于一般外来原因造成的全部和部分损失，如货物被盗窃、钩损、碰损、受潮、发热、淡水雨淋、短量、包装破裂和提货不着等
一切险＝平安险+水渍险+一般附加险		

CIC 海运货物的风险种类、内容、损失种类及险别对应如表 3-8 所示。

表 3-8

风险种类	风险内容	损失种类		险别种类	
海上风险	自然灾害:恶劣气候、雷电、洪水、流冰、地震、海啸、火山爆发等	海损	全部损失 实际全损	基本险别	平安险
					水渍险
	意外事故:船舶搁浅、触礁、沉没、碰撞、爆炸、火灾、失踪等		推定全损		一切险
外来风险	一般外来原因:偷窃、雨淋、串味、破损、锈损、渗漏、玷污、受潮、发霉、短量、包装破裂和钩损等	其他损失	部分损失 共同海损	附加险别	一般附加险
	特殊外来原因:战争、交货不到、拒收、罢工、没收、黄曲霉素、存仓着火等		单独海损		特殊附加险

小链接

全部损失是指整批或不可分割的一批保险货物全部灭失或可视同全部灭失的损害。

整批或不可分割的一批保险货物全损,一般包括以下4种情况。

①一张保险单所承保的全部货物的损失是全损。

②一张保险单上的一类货物的全部损失是全损。

③在装卸过程中一整件货物的损失是全损。

④一张保险单上承保几张提单的货物,只要其中一张提单项下的货物全部损失,也是全损。

⑤当货物用驳船装载运往或运离海轮时,每一驳船货物的全部损失是全损。

(3)伦敦保险协会海运货物保险条款(Institute Cargo Clauses, ICC)如表3-9所示。

表3-9

责任范围	A	B	C
1. 火灾、爆炸	√	√	√
2. 船舶、驳船的触礁、搁浅、沉没、倾覆	√	√	√
3. 陆上运输工具的倾覆或出轨	√	√	√
4. 船舶、驳船或运输工具同除水以外的任何外界物体碰撞	√	√	√
5. 在避难港卸货	√	√	√
6. 地震、火山爆发或雷电	√	√	×
7. 共同海损牺牲	√	√	√
8. 抛货	√	√	√
9. 浪击落海	√	√	×
10. 海水、湖水或河水进入船舶、驳船、运输工具、集装箱大型海运箱或存货地	√	√	×
11. 货物在船舶或驳船装卸时落海或跌落,造成任何整件的全损	√	×	×
12. 由于被保险人以外的其他人(如船长、船员等)的故意违法行为所造成的损失或费用	√	×	×
13. 海盗行为	√	×	×
14. 下列"除外责任"范围外的一切风险	√	×	×
除外责任	A	B	C
1. 被保险人的故意违法行为所造成的损失和费用	×	×	×
2. 自然渗漏,重量和容量的自然损耗或自然磨损	×	×	×
3. 包装或准备不足或不当造成的损失或费用	×	×	×
4. 保险的货物内在缺陷或特性造成的损失或费用	×	×	×
5. 直接由于迟延引起的损失或费用	×	×	×
6. 由于船舶所有人、经理人、租船人或经营人破产或不履行债务所造成的损失和费用	×	×	×
7. 由于使用任何原子武器或核裂变等造成的损失和费用	×	×	×

续表

责任范围	A	B	C
8.船舶不适航,船舶、装运工具、集装箱等不适货	×	×	×
9.战争险	×	×	×
10.罢工险	×	×	×

说明:"√"代表承保风险,"×"代表免责风险。

（4）我国陆运、空运及邮运货物保险的险别如表3-10所示。

表 3-10

运输类别	风险与损失	险　别
陆上运输	车辆碰撞、倾覆和出轨、路基坍塌、桥梁折断和道路损坏,以及火灾和爆炸等意外事故所造成的风险与损失,雷电、洪水、地震、火山爆发、暴风雨以及霜雪冰雹等自然灾害,战争、罢工、偷窃、货物残损、短少、渗漏等外来原因所造成的风险与损失	陆运险 （Overland Transportation Risks）
		陆运一切险 （Overland Transportation All Risks）
航空运输	雷电、火灾、爆炸、飞机遭受碰撞、倾覆、坠落、失踪、战争、破坏以及被保险物由于飞机遇到恶劣气候或其他危难事故而被抛弃等	航空运输险 （Air Transportation Risks）
		航空运输一切险 （Air Transportation All Risks）
邮包运输	自然灾害、意外事故以及各种外来风险	邮包险 （Parcel Post Risks）
		邮包一切险 （Parcel Post All Risks）

（5）保险手续。

①出口货物保险手续（按 CIF 条件成交）。

②进口货物保险手续（按 FOB/CFR 条件成交）。

A. 预约保险手续。

收到船公司装货单(S/O) → 向保险公司申请投保(提交投保单\L/C、发票等) → 保险公司审核确认 → 向保险公司交保险费并获取保险单

得悉每批货物的起运消息 → 向保险公司申请投保（将船名、开航日期、航线、货物品名及数量、保险金额等内容以书面形式通知保险公司） → 保险公司对所保货物自动负承保责任 → 向保险公司每月/季交保险费并获取保险单

B.逐笔保险手续。

8. 关于订立货物的支付条款的一些问题

（1）国际货款的支付工具如表 3-11 所示。

表 3-11

种 类	含 义	细 目		含 义
汇票 （Bill of Exchange）	一个人向另一个人签发的,要求见票时或在将来的固定时间或可以确定的时间,对某人或其指定人或持票人支付一定金额的无条件的书面支付命令	按出票人不同分	银行汇票 （Banker's Draft）	出票人是银行,受票人也是银行的汇票
			商业汇票 （Commercial Draft）	出票人是企业或个人,受票人可以是企业或个人,也可以是银行的汇票
		按有无随附商业单据分	光票 （Clear Draft）	不附带商业单据的汇票。银行汇票多是光票
			跟单汇票 （Documentary Draft）	附带商业单据的汇票。商业汇票一般为跟单汇票
		按付款时间不同分	即期汇票 （Sight Draft）	在提示或见票时立即付款的汇票,简称现汇
			远期汇票 （Time Draft）	在一定期限或特定日期付款的汇票,简称期汇。主要有:见票后若干天、出票后若干天付款、提单签发日后若干天付款和特定日期付款
		按交付单据方式分	付款交单汇票 （Document against Payment）	付款人付清货款后才交付货运单据的汇票
			承兑交单汇票 （Document against Acceptance）	付款人承兑汇票后即交付货运单据的汇票
本票 （Promissory Note）	一个人向另一个人签发的,保证于见票时或定期或在可以确定的将来时间,对某人或某指定人支付一定金额的无条件的书面承诺。简言之,本票是出票人对受款人承诺无条件支付一定金额的票据	按出票人不同分	商业本票（Trader's Note）	由工商企业或个人签发的本票,有即期和远期之分
			银行本票 （Banker's Note）	由银行签发的本票都是即期的。在国际贸易结算中使用的本票多是银行本票
		国际小额本票 （International Money Order）		多由设在美元清算中心的美国银行签发,以美元定值,用于跨国的中小额货币支付
		旅行本票（Traveller's Note）		发行人即是付款人的旅行支票

续表

种 类	含 义	细 目		含 义
支票 (Cheque/ Check)	存款人对银行的无条件支付一定金额的委托或命令,即以银行为付款人的即期汇票	按是否划线分	一般支票 (General Cheque)	也称公开支票、现金支票,该类支票上不带划线,其持票人可以凭其向银行提取现金,也可以委托银行收款入账
			划线支票 (Crossed Cheque)	正面有两道平行横线的支票,这种支票的持票人只能凭其要求银行代收票款入账,划线支票还可以分一般划线和特殊划线
		按收款人写法分	记名支票 (Cheque Payable to Order)	在收款人一栏写明具体的收款人姓名的支票。转让时需背书
			不记名支票 (Cheque Payable to Bearer)	不记名支票也称空白支票或来人支票,即收款人一栏不写明具体的收款人姓名,只注明"仅付来人"的支票。转让时需背书
		按是否有他人保付分	保付支票 (Confirmed Cheque)	由付款银行注明"保付"字样并签字的支票
			不保付支票 (Unconfirmed Cheque)	付款银行不注明"保付"字样的支票

小链接

汇票的使用程序如下:

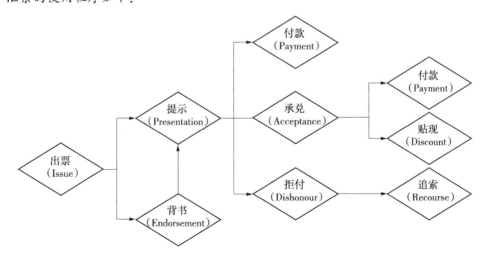

（2）国际货款支付方式。

①国际货款支付主要方式如表 3-12 所示。

表 3-12

种 类	定 义	当事人	细 目	
汇付 (Remittance)	又称汇款，指付款人主动通过银行或其他途径将款项交收款人。国际货款如果采用汇付，一般由买方按合同约定的条件（如收到单据或货物），将货款通过银行汇交卖方	通常有4个当事人：汇款人、收款人、汇出行和汇入行	信汇 (Mail Transfer, M/T)	
			电汇 (Telegraphic Transfer, T/T)	
			票汇（Remittance by Banker's Demand Draft, D/D)	
托收 (Collection)	债权人（出口人）出具汇票，委托银行向债务人（进口人）收取货款的一种支付方式。在国际贸易结算中所使用的托收方式一般都通过银行办理，所以它又叫银行托收	主要有委托人、托收银行、代收银行和付款人	付款交单 (Documents against Payment, D/P)	
			承兑交单 (Documents against Acceptance, D/A)	
信用证 (Letter of Credit, L/C)	由银行（开证行）依照客户（申请人）的要求和指示或自己主动，在符合信用证的条款下，凭规定单据向第三者（受益人）或其指定方进行付款的书面说明。即信用证是一种银行开立的有条件的承诺付款的书面文件，是一种比较安全的货款收付方式。现在世界上许多国家都通过SWIFT开立或通知信用证	主要有开证申请人、开证银行、通知银行、受益人、议付银行、付款银行	按是否附有货运单据分	跟单信用证 (Documentary L/C)
				光票信用证 (Clean L/C)
			按其性质分	不可撤销信用证 (Irrevocable L/C)
				可撤销信用证 (Revocable L/C)
			按有无另一银行保证兑付分	保兑信用证 (Confirmed L/C)
				不保兑信用证 (Unconfirmed L/C)
			按付款时间的不同分	即期信用证 (Sight L/C)
				远期信用证 (Time L/C)
			按是否可转让分	可转让信用证 (Transferable Credit)
				不可转让信用证 (Non-transferable Credit)

续表

种 类	定 义	当事人	细 目	
信用证 (Letter of Credit, L/C)	由银行(开证行)依照客户(申请人)的要求和指示或自己主动,在符合信用证的条款下,凭规定单据向第三者(受益人)或其指定方进行付款的书面说明。即信用证是一种银行开立的有条件的承诺付款的书面文件,是一种比较安全的货款收付方式。现在世界上许多国家都通过SWIFT开立或通知信用证	主要有开证申请人、开证银行、通知银行、受益人、议付银行、付款银行	按是否能循环分	循环信用证(Revolving Credit)
				非循环信用证(Non-revolving Credit)
			对开信用证(Reciprocal Credit)	
			对背信用证(Back to Back Credit)	
			预支信用证(Anticipatory L/C)	
			红条款信用证(Red Clause Credit)	
备用信用证 (Standby Letter of Credit)	是适用于跟单信用证统一惯例的一种特殊性质的信用证,它是开证行对受益人承担一项义务的凭证。在备用信用证项下,开证行保证在开证申请人未能履行其应履行的义务时,受益人只要凭备用信用证的规定向开证行开具汇票,并随附开证申请人未履行义务声明或证明文件,即可得到开证行偿付,该种信用证一般用在投标、履约、还款保证、预付、赊销等业务中			
银行保函 (Letter of Guarantee, L/G)	又称银行保证函、银行保证书,是指银行或其他金融机构根据委托人的申请,为担保委托人履行某项契约的义务而向受益人做出的承担有条件地支付一定金额的经济赔偿责任的书面担保。银行保函除用于进出口贸易外,还常用于投标、用作还款保证			

②各种支付方式的结合使用。

在进出口的实际业务中,在特定情况下,为了促成交易和安全收、付汇,也可以将各种不同的支付方式结合起来使用。

A.信用证与汇付的结合使用。

在这种方式下,部分货款用信用证收付,余数用汇付方式结算。一般用在成交数量大,交易数量机动幅度也比较大的商品上,如粮食、矿砂等货物的交易。

B.信用证与托收的结合使用。

这种方式下,部分货款用信用证收付,余数用托收方式结算。这种方式对于进出口双方都有益处。

C.汇付、托收和信用证的结合使用。

在大型的成套设备、大型机械产品的交易中分期付款、延期付款时一般采用此法。

9.关于订立货物的争议条款的一些问题

(1)货物的检验检疫条款的订立。

①一般货物检验条款的主要内容如表3-13所示。

表 3-13

项　目		细　目
检验方式 （检验时间 和地点）	在出口国检验	产地（工厂）检验
		装运港（地）检验
	在进口国检验	目的港（地）检验
		买方营业处所（最终用户所在地）检验
	出口国检验、进口国复验	
	装运港（地）检验重量、目的港（地）检验品质	
检验机构	国际上的检验机构	官方检验机构，如美国食品药物管理局（FDA）、美国动植物检疫署、美国粮谷检疫署、日本通商省检验所等
		半官方检验机构，如美国担保人实验室（Underwriter's Laboratory）
		非官方检验机构，如美国劳埃氏公证行（Lloyd's Surveyor）、瑞士通用公证行（Societe Generale De Surveillance, SGS）等
	我国的检验机构	中华人民共和国质量监督检验检疫局（General Adminstation of Quality Supervision, Inspection and Quarantine of People's Republic of China）设在各地直属出入境检验检疫局，通常称为国家商检部门
检验内容	商品品质、商品数量、商品重量、商品原生产地、动物产品、食品卫生检验、动物产品兽医检验、动物产品消毒处理检验、商品残损检验等	
检验标准	国际检验标准	对买卖双方具有法律约束力的标准，其中最常见的是买卖合同和信用证
		与贸易有关国家所制定的强制执行的法规标准，如货物原产地标准、安全法规标准、卫生法规标准、环保法规标准、动植物检疫法规标准
		国际权威性标准，包括国际标准、区域性标准化组织标准、国际商品行业协会标准和某国权威性标准4种
	我国的检验标准	法律、行政法规规定的检验标准
		对外贸易合同规定的检验标准
		样品
		生产国标准
		有关国际标准
		国家商检部门指定的标准

②出口货物检验的程序如下：

向检验机构提交检验申请书及附件报验 ▶ 检验机构受理进行审核 ▶ 检验部门检验 ▶ 检验部门签发"放行单"或在"出口货物报关单"上盖章放行

（2）索赔条款的订立。

①国际货物索赔条款的主要内容如表 3-14 所示。

表 3-14

项 目	细 目	
异议与索赔条款（Discrepancy and Claim Clause）	索赔的依据	法律依据
		事实依据
	索赔的期限	货到目的港后××天起算
		货到目的港卸离海轮后××天起算
		货到买方营业处所或用户所在地后××天起算
		货物检验后××天起算
	索赔的金额	在合同被宣告无效的一段合理时间内，合同价格与替代货物的交易价格或转卖价格之间的差额
		如果合同被宣告无效，而货物又有时价，索赔金额则是合同规定的价格与宣告合同无效时的时价之间的差额，而不能是合理时间之外转售或采购时的价格
		如果卖方延迟交货，而恰值该货市价下跌，则合同规定交货时的交货地价格与实际交货时的交货地价格之差，连同实际给买方造成的实际损失，即为索赔金额
		如果卖方交货的品质、包装不符合合同规定，那么，实际交付的货物价格与符合合同规定的货物时价之间的差额为索赔金额
		如果买方延迟派船接货，卖方同意保留合同，那么卖方因买方延迟派船而增加的仓租、利息、保险费就是合理的索赔金额
		如果买方在接收货物之后宣告合同无效，则以接收日的时价与合同价格之间的差额为索赔金额，而不是以宣告日的时价为准
罚金或违约金条款（Penalty Clause）	一般适用于卖方延迟交货或买方延期接运货物、拖延开立信用证、拖欠货款等场合，违约金的数额一般由合同当事人商定，我国现行合同法也没有对违约金数额作出规定，而以约定为主	
定金罚则（Deposit Clause）	在买卖合同中，只要约定了定金条款，无论合同当事人哪一方违约，都要承担与定金数额相等的损失，这可促使合同双方自觉履行合同义务	

②买方的索赔及其处理。

在出口贸易中，买方对卖方提出的索赔主要有品质索赔、数量索赔和延迟交货索赔。

A. 品质索赔与处理。

较为常见的是品质与合同所列的规格或样品不符。

对于品质异议，卖方在收到买方索赔后应根据《公约》的有关规定，买方对方卖方所交货物的品质缺陷，可以采取以下处理方法：

a. 实际履行——交付替代物或更换货物。其前提是卖方所交货物不符合合同的情形已相当严重。

b.撤销合同——退货。其前提是在卖方所交货物与合同的规定存在严重不符的情形下。

c.减价。如果买方愿意收下这批与合同不符的货物,这时不管买方是否已经支付货款,均可以要求减价。减价的计算办法按照实际交付货物在交货时的价值与符合合同的货物在同一时间的价值之间的比例计算。

d.损害赔偿。即使选择了拒收货物或要求交付替代物或换货,买方仍有权要求卖方赔偿因其违约而造成的损失。

B.数量索赔与处理。

买方提出的数量异议主要有两种情况:数量短少和数量超额。

a.数量短少。买方对于卖方所交货物的数量短少,可以采取的补救方法有:拒收货物、要求补交短少的货物和要求损害赔偿。(损害赔偿额通常为补进短少部分的价格与合同价的差额。)

b.超交索赔。如果卖方交付货物的数量多于合同规定的数量,这时买方可以采取两种补救措施:一种是收下符合合同规定的数量,拒收超过合同规定数量的部分;另一种是收下全部货物。除支付合同规定数量部分的货物价款外,对于超过合同规定数量的部分货物同样按合同规定的价格支付货款。

C.延迟交货索赔与处理。

根据《公约》的规定,卖方延迟交货,买方可以采取的补救措施如下:

a.要求实际履行。通常给予卖方一段合理的额外时间,让其履行交货义务。在这段额外期限内,买方不得采取任何补救办法,但仍保留对延迟交货可能造成的损害要求赔偿的权利。

b.撤销合同。如果卖方延迟履行交货义务,给买方造成损失重大的,即构成重大违约,则买方有权撤销合同。

c.损害赔偿。损害赔偿是卖方延迟交货的一种主要补救办法。根据不同的情况,延迟交货的损害赔偿额包括差价损失、停工待料的损失、买方对第三方延期交货所造成的损失等。在进行损害赔偿时,如果买卖合同中已有违约金的规定,则一般不另行计算实际损害额,而以违约金的规定进行索赔。只有当违约金与实际损害存在很大差异时,买卖双方才可以进行相应调整。

(3)不可抗力条款的订立。

①不可抗力的含义。

不可抗力(Force Majeure)是指买卖合同签订后,不是由于合同当事人的过失或疏忽,而是由于发生了合同当事人无法预见、无法预防、无法避免和无法控制的事件,以致不能履行或不能如期履行合同,发生意外事件的一方可以免除履行合同的责任或推迟履行合同。

②合同中的不可抗力条款。

不可抗力条款是一项免责条款。一般包括以下几点,如图3-6所示。

图 3-6

（4）仲裁条款的订立。

①解决国际贸易争议的办法。

目前主要有 4 种：一是当事人双方自行协调（Consultation）解决；二是由第三方介入进行中间调解（Conciliation）；三是提交仲裁机构仲裁（Arbitration）解决；四是向人民法院提起诉讼（Litigation）。比较后面的 3 种方式各有长短，在实践中当事人应结合具体情况予以选择，如表 3-15 所示。

表 3-15

比较内容	调　解	仲　裁	诉　讼
性质	民间机构	民间机构	国际司法
管辖权	需双方当事人同意，自由选择时间、地点、形式程序等	当事人自主选择仲裁方式、仲裁地点、仲裁机构、仲裁员、仲裁程序、仲裁所适用的法律等	法定管辖
灵活性	程序灵活，需要的时间较短，费用较低	程序灵活、迅速及时、收费不高	程序复杂、需要的时间较长、收费较高

续表

比较内容	调解	仲裁	诉讼
保密性	不公开审理,保密	不公开审理,保密	公开审理
强制性	和解协议效力较低,可提起诉讼	一裁终局,申请法院强制执行	法院判决的强制性,二审终审
和解性	非对抗性,有利于其后合作	有利于保持当事人间的友好关系	不利于保持当事人间的关系

②仲裁条款的规定。

仲裁条款一般包括仲裁地点、仲裁机构、仲裁程序规则、仲裁裁决的效力、仲裁费的负担等。

小链接

我国常设的仲裁机构主要是中国国际经济贸易仲裁委员会和海事仲裁委员会。根据业务发展的需要,中国国际经济贸易仲裁委员会又分别在深圳和上海设立了分会。外国仲裁常设机构有:英国伦敦仲裁院、瑞典斯德哥尔摩商会仲裁院、瑞士苏黎世商会仲裁院、日本国际商事仲裁协会、美国仲裁协会、意大利仲裁协会等。俄罗斯和东欧各国商会中均设有对外贸易仲裁委员会。国际组织的仲裁机构有设在巴黎的国际商会仲裁院等。

知识拓展

1. 投保险别的选择

在办理货物运输保险时,保险选择恰当,可保证货物获得充分的经济保障,并节省保险费开支。下面侧重介绍几种主要商品易受损情况以及适宜投保的主要险别,如表3-16所示。

表3-16

几种商品	投保险别
粮食、籽仁、豆类、花生仁、饲料等粮谷类	一切险或水渍险加保短量险和受潮受热险
食用油、植物油	水渍险加保短量险和玷污险
袋装、灌装、坛装等食品	一切险或在平安险、水渍险基础上加保撞损险、破碎险
冷冻肉类或速冻食品	冷藏货物险
活牲畜、活禽、活鱼	牲畜、活家禽死亡险
各种饮料或酒	一切险或在平安险、水渍险基础上加保撞损险、破碎险
玻璃、陶瓷制品	在平安险、水渍险基础上加保撞损险、破碎险
金、银、钻石、珠宝等首饰	在平安险、水渍险基础上加保偷窃提货不着险
金银条、板、管、块	在平安险、水渍险基础上加保短量险
矿石、矿砂、水泥等	在水渍险基础上加保短量险、包装破裂险
纤维类(毛、棉、麻、丝、绸等)	一切险
家用电器和仪器、仪表、机床	在平安险、水渍险基础上加保撞损险、破碎险和偷窃提货不着险

2. 汇付方式的业务程序

汇付方式的业务程序,如图 3-7 和图 3-8 所示。

图 3-7

图 3-8

3. 汇付方式在国际贸易中的使用

在国际贸易中,汇付方式通常是用于预付货款(Payment in Advance)、随订单付款(Cash with Order)和赊销(Open Account)等业务。此外还用于支付定金、分期付款、待付货款尾数以及佣金等费用的支付。因无论何种汇付方式下,银行都只提供服务而不提供信用担保,属于商业信用,风险较大,所以在采用汇付方式时,一定要注意在合同中明确汇付的时间、方式以及金额等。

4. 托收的业务程序

托收的业务程序如图 3-9、图 3-10 和图 3-11 所示。

图 3-9

图 3-10

图 3-11

5. 托收的注意事项

在采用托收方式时,为保证货款的安全及时收回,应做到以下几点:

①认真考察国外进口商的资信情况,了解商品的市场动态,根据实际情况掌握成交金额。

②考察贸易管制和外汇管制情况。对管制较严的国家,不宜采用托收方式。

③出口合同争取以 CIF 或 CIP 条件成交,由出口商办理货运保险。在不采取 CIF 或 CIP 条件成交时,可以投保卖方利益险。

④事先了解某些国家的特殊惯例,以酌情采用。

⑤建立健全托收管理制度。

⑥采用国际保理结算方式。

6. 信用证的业务程序如图 3-12 所示。

图 3-12

7. 信用证项下出口商的风险

①进口商不开证或不按规定的日期开证。

②进口商使用假信用证。

③进口商开立软条款信用证,即进口商开立附带限制性条款或隐性条款的信用证,或有政策不符的情况。因此,出口商务必须做好审证工作,以便安全收汇。

④关注开证行的信誉。要求开证申请人选择信誉好、实力强的开证行,以确保收汇的安全性。

模拟操作

根据项目2模拟操作中的第2题的内容和以下业务背景资料,填制出口合同。

通过反复磋商,2017年9月18日,双方达成如下条款:

单价:8.80美元/副 CFR Dubai, UAE。

装运期:最迟2017年10月18日装船,不允许转运,不允许分批装运。

支付:20%货款在合同签订后10天内电汇支付;余款用即期付款交单方式支付。

数量与金额允许有不超过1%的增减。

请填写以下合同的各条款内容,使其成为一份完整的出口合同。

SALES CONTRACT

NO. LY0723   DATE:Sep. 18th, 2017

THE SELLER:Qingdao Lihua Co., Ltd.   THE BUYER:Tim Co., Ltd.

              No. 1 Renmin Rd., Qingdao   No. 1 Roak Rd., Dubai

              China   UAE

    This Contract is made by and between the Buyer and Seller, whereby the Buyer agrees to buy and the Seller agrees to sell the under-mentioned commodity according to the terms and conditions stipulated as below:

Commodity & Specification	Quantity	Unit Price	Amount
(1)	(2)	(3)	(4)
Total			
Total Contract Value:(5)			

MORE OR LESS CLAUSE:

(6) _____

PACKING:in cartons

TIME OF SHIPMENT:

(7) _____

PORT OF LOADING AND DESTINATION:

(8) _____

Transshipment is (9) _____ and partial shipment is (10) _____ .

INSURANCE: (11) _____

TERMS OF PAYMENT: (12) _____

_____

_____

REMARKS:

This contract is made in two original copies and becomes valid after both parties' signature, one copy to be held by each party.

Signed by:

THE SELLER: THE BUYER:

项目 4　出口合同履行

【工作情景】

　　湖南华兴进出口有限公司收到对方于 2017 年 4 月 6 日寄来的会签函、会签合同和 4 月 20 日开证行开来的信用证通知书和信用证。

会签函：

Leisure International Trading Corporation

237 Johnson Road, 39210 Vancouver B. C., Canada

Telephone：01-11-4533212 Fax：01-11-4533211

To：Hunan Huaxing Imp. & Exp. Co., Ltd.　　　　　DATE：April 6th, 2017

FAX：0086-731-62485801

Dear Sir/Madame,

　　We acknowledge receipt of your Sales Confirmation No. LX-LESSC10 with great pleasure. We have signed it and returned one for your file as requested.

　　Meanwhile we have informed our banker, Bank of Montreal to open the relevant L/C in your favor, which will arrive at your end in a couple of days. We, therefore, hope you will make delivery at an early date.

　　Best regards.

Leisure International Trading Corporation

Gerald Meier

Chief Manager

会签合同：

SALES CONFIRMATION

S/C NO. ：LX-LESSC10

Date：April 1st, 2017

The Seller：Hunan Huaxing　　　　　　　The Buyer：Leisure International

　　　　　　 Imp. & Exp. Co., Ltd.　　　　Trading Corporation

Address：58 Wuyi Road　　　　　　　　　Address：237 Johnson Rd. 39210

　　　　　Changsha, China　　　　　　　　　 Vancouver B. C., Canada

Marks & No.	Commodity & Specifications	Unit	Quantity	Unit Price (USD)	Amount (USD)
Leisure LES 97100 Vancouver 1-500CTNS	Huanle Brand Pac boots Art. No. SH226	pair	3,000	CIFC3 Vancouver	
				16.07	48,210.00
TOTAL CONTRACT VALUE:		Say United States Dollars Forty Eight Thousand Two Hundred and ten only.			

PACKING: Each pair to be packed in one box, six boxes to a carton, and 3,000 boxes to a 40′ container. Total: 500 cartons.

SHIPMENT: To be effected by the seller during May, 2017 with transshipment and partial shipment allowed.

PORT OF LOADING & DESTINATION: From Guangzhou China to Vancouver Canada.

PAYMENT: The Buyer should open an Irrevocable Sight Letter of Credit for full amount of the invoice through a bank acceptable to the seller. The L/C should reach the Sellers before April 25th and valid for negotiation in Changsha until the 15th day after the date of shipment.

INSURANCE: To be covered by the seller for 110% of total invoice value against All Risks and War Risk as per the Ocean Marine Cargo Clauses of PICC Dated Jan. 1st, 1981.

Confirmed by:

THE BUYER

Leisure International Trading Corporation

Gerald Meier

THE SELLER

Hunan Huaxing Imp. & Exp. Co., Ltd.

Yao Shi

REMARKS:

1. The buyer shall establish the covering letter of credit which should reach the seller 30 days before shipment, failing which the seller shall have the right to rescind this contract without further notice, or to lodge a claim for losses thus sustained, if any.

2. In case of any discrepancy in quality/quantity, claim should be filed by the buyer within 30 days after the arrival of the goods at port of destination; while for quantity discrepancy, claim should be filed by the buyer within 15 days after the arrival of the goods at port of destination.

3. The seller shall not be responsible for failure or delay in delivery of the entire lot or a portion of the goods here due to natural disasters, war or other causes of force majeure, however, in such case the seller shall submit to the buyer a certificate issued by the China Council for the Promotion of International Trade attesting such event(s).

4. All disputes arising from the execution of, or relating to this contract, shall be settled through negotiation. In case no settlement can be reached through negotiation, the case shall then be submitted to the China international economic and trade arbitration commission for arbitration in accordance with arbitral rules. The arbitration shall take place in Changsha. The arbitration award is final and binding upon both parties.

5. The buyer is requested to sign and return one copy of this contract immediately after receipt of the same.

6. Special conditions: These shall prevail over all printed terms in case of any conflict.

信用证通知书：

中国银行

BANK OF CHINA

ADDRESS：50 HUQIU ROAD

CABLE：CHUNGKUO

TELEX：33062 BOCSH ECN

信用证通知书

Notification of Documentary Credit

SWIFT：BKCHCNBJ30　　　　　　　　　　　　　　DATE：2017/04/20

To：致：Hunan Longxing IMP. & EXP. CO., LTD. 58 Wuyi Road CHANGSHA，CHINA	WHEN CORRESPONDING PLEASE QUOTE OUR REF. NO. 01CBM21			
The first Canadian Bank M Bank of Montreal International Banking(B. C.)	Transmitted to us through 转递行			
LC NO. 信用证号 LES-LXLC10 DATED 开证日期 APRIL 14TH 2017	Amount 金额 USD 482,100.00			

Dear sirs，敬启者

We have pleasure in advising you that we have received from the a/m bank a(n)

兹通知贵公司，我行收自上述银行

(　) pre-advising of (　) telex issuing (×) original	预先通知 电传开立 正本	(　)mail confirmation of (　)ineffective (　)duplicate	证实书 未生效 副　本

Letter of credit, contents of which are as per attached sheet(s).

This advice and the attached sheet(s) must accompany the relative documents when presented for negotiation.

信用证一份，现随附通知。贵司交单时，请将本通知书及信用证一并提交。

(×)Please note that this advice does not constitute our confirmation of the above L/C nor does it convey any engagement or obligation on our part.

本通知书不构成我行对此信用证之保兑及其他任何责任。

(　)Please note that we have added our confirmation to the above L/C, negotiation is restricted to ourselves only.

上述信用证已由我行加具保兑，并限向我行交单。

信用证：

MT 700　　　　　　　　　　　ISSUE OF A DOCUMENTARY CREDIT FM：Bank of Montreal International Banking (B. C.) P. O./C. P. 49350 Vancouver V7X 1L5 TO：Advising Bank：

续表

Bank of China, Hunan Branch		
50 Furong Road		
Changsha, P. R. China		
SEQUENCE OF TOTAL	27:	1/1
FORM OF DOC. CREDIT	40A:	IRREVOCABLE
DOC. CREDIT NUMBER	20:	LES-LXLC 10
DATE OF ISSUE	31C:	170414
APPLICABLE RULES	40E:	UCP LATEST VERSION
DATE AND PLACE OF EXPIRY	31D:	DATE 170615 PLACE IN CANADA
APPLICANT	50:	LEISURE INTERNATIONAL TRADING CORPRATION 237 JOHNSON ROAD, 39210 VANCOUVER, B. C., CANADA
BENEFICIARY	59:	HUNAN LONGXING IMP. & EXP. CO.,LTD 58 WUYI ROAD CHANGSHA, CHINA
AMOUNT	32B:	CURRENCY AMOUNT USD 482,100.00
AVAILABLE WITH/BY	41D:	ANY BANK IN CHINA, BY NEGOTIATION
DRAFTS AT...	42C:	AT SIGHT
DRAWEE	42A:	BANK OF MONTREAL INTERNATIONAL BANKING (B. C.) P. O./C. P. 49350 VANCOUVER V7X 1L5
TRANSSHIPMENT	43T:	ALLOWED
PORT OF LOADING/ AIRPORT OF DEPARTURE	44E:	GUANGZHOU, CHINA
PORT OF DISCHARGE	44 F:	VANCOUVER. B. C
SHIPMENT PERIOD	44D:	NOT LATER THAN MAY 31,2017
DESCRIPTION OF GOODS AND/OR SERVICES	45A:	500CTNS (3 000PAIRS) OF HUANLE BRAND PAC BOOTS ART. NO. SH227 AT USD 16.07/PAIR, CIFC3 VANCOUVER AS PER BUYER'S PURCHASE ORDER NO. LES 97100
DOCUMENTS REQUIRED	46A:	+ SIGNED COMMERCIAL INVOICE IN 3 COPIES MENTIONING L/C NO. AND VESSEL'S NAME. +FULL SET CLEAN ON BOARD MARINE BILLS OF LADING, MADE OUT TO ORDER, BLANK ENDORSED AND MARKED "FREIGHT PREPAID" NOTIFY BUYER. SHIPPING MARK: LEISURE/LES 97 100/VANCOUVER/NO. 1-UP +INSPECTION CERTIFICATE ISSUED BY THE REPRESENTATIVE OF LEISURE INTERNATIONAL TRADING CORPORATION WHOSE SIGNATURE MUST BE COMPLIANCE WITH THE ONE IN THE FILE OF THE ISSUING BANK +BENIFICIARY CERTIFICATE STATING THAT ONE SET OF DOCUMENT IS TO BE SENT TO THE APPLICANT IMMEDIATELY AFTER THE SHIPMENT.

续表

DOCUMENTS REQUIRED	46A：	+ INSURANCE POLICY/CERTIFICATE IN NEGOTIABLE FORM, COVERING "ALL RISKS", "WAR RISK" FOR 110% OF INVOICE VALUE AS PER OCEAN MARINE CARGO CLAUSES OF PICC, DATED 1/1/1981. +PACKING LIST SHOWING ART. NO, GROSS WEIGHT, NET WEIGHT AND MEASUREMENT OF EACH PACKAGE. +CERTIFICATE SIGNED BY BENIFICIARY STATING THAT ONE SET OF INVOICE AND B/L HAVE BEEN FAXED DIRECT TO THE BUYER.
ADDITIONAL CONDITION	47A：	+ ALL DOCUMENTS MUST INDICATE THE NUMBER OF THIS CREDIT + ALL PRESENTATIONS CONTAINING DISCREPANCIES WILL ATTRACT A DISCREPANCY FEE OF USD 50.00 PLUS TELEX COSTS OR OTHER CURRENCY EQUIVALENT. THIS CHARGE WILL BE DEDUCTED FROM THE BILL AMOUNT WHETHER OR NOT WE ELECT TO CONSULT THE APPLICANT FOR A WAIVER
PERIOD FOR PRESENTATION	48：	WITHIN 15 DAYS AFTER THE DATE OF SHIPMENT, BUT WITHIN THE VALIDITY OF THIS CREDIT
CHARGES	71B：	ALL CHARGES OUT OF ISSUING BANK ARE FOR ACCOUNT OF BENEFICIARY.
CONFIRMATION INSTRUCTION	49：	WITHOUT
INFORMATION TO PRESENTING BANK	78：	ALL DOCUMENTS ARE TO BE REMITTED IN ONE LOT BY COURIER TO BANK OF MONTREAL INTERNATIONAL BANKING (B.C.) P.O./C.P. 49350 VANCOUVER V7X 1L5

【任务布置】

1. 审核信用证。

姚石组织安排单证员王丹审核信用证。

2. 撰写改证函。

姚石根据审证结果草拟改证函,清晰列明不符点,告知客户如何进行修改。

改证函日期:2017 年 4 月 25 日。

3. 修改信用证。

王丹于 2017 年 4 月 28 日收到对方信用证修改通知书。

4. 备货。

姚石组织安排跟单员刘倩负责前程跟单工作,具体工作任务包括选择供应商跟单、样品跟单、原材料采购跟单、生产进度跟单、品质跟单、包装跟单。

5. 订舱。

订舱文件主要包括"出口货物订舱委托书""托运单""商业发票""装箱单"。

单证员王丹根据订舱单据的填制要求认真填写出口货物订舱委托书和其他订舱单证。

公司编号	公司开户银行	银行账号	INVOICE NO.
BH04JL	中国建设银行	89705645436	LX-LESINV10

出口货物订舱委托书日期:5月9日　　船名:Jiefang　　航次:V.301

商业发票日期:5月9日

6. 报检。

出口商在订妥舱位收到配舱回单后必须向商检局办理报检手续,因海关监管条件为"B",所以必须报检获得出境货物通关单(如果产地和报关地不一致,现由产地商检局出具换证凭单,再到口岸商检局换取出境货物通关单),报检文件主要包括:出口货物报检单、商业发票、装箱单。

7. 报关、装船。

向海关办理货物的申报出口手续,报关文件主要包括"出境货物通关单""装货单""出口货物报关单""商业发票""装箱单"。报关完毕后,海关在装货单 S/O 上盖放行章,货物即可装船,船公司签发大副收据(M/R),卖方付清相关费用后,用大副收据换取提单。

出口日期:5月20日。

申报及出单日期:5月13日。

8. 投保。

以 CIF 条件成交的出口货物订妥舱位(收到配舱回单后),向海关申报出口的同时,应向中国人民保险公司办理投保手续。请根据投保单的基本规定认真填写"出口货物投保单"。投保日期:2017年5月17日。

9. 拟写装船通知。

出口货物在海关验讫放行(即收到盖有海关验讫放行章的装货单)后,即可办理货物的装运手续;与此同时,出口商应向进口商发出货物装运通知。

装运通知的内容主要包括合同号码、货物名称、货物金额、货物数量、包装件数、承运船名、运输航次、提单号码。

如果信用证中对装船通知有具体规定,则应根据信用证规定的时间和内容及时发出。

装船通知日期:2017年5月20日。

10. 在收到承保回执后,根据出口单据制作的要求及国外银行开来的信用证中对单据的要求(Documents Requirement)和修改书中的具体规定,缮制全套出口结汇单据。

【操作提示】

在国际贸易中,合同一经有效确立,有关当事人就必须履行合同规定的义务。由于采用的价格术语和支付方式不同,双方履行合同的程序也有所不同。对出口方而言(以 CIF 条件下信用证方式收取货款的出口合同为例),涉及备货、催审信用证、租船订舱、投保、报检、报关、装船、制单结汇、核销退税等项工作。其中以货(备货报验)、证(催、审、改证)、船(租船订舱、办理货运手续)、款(制单结汇)四项工作最为重要,今天的国际贸易的特征之一是"日益单证化",故对于如何制好单、审好单也需要特别用心。

【**课前学习任务**】

任务4.1 备货、报检

1.备货

备货工作主要包括下列内容：及时向生产、加工或供货单位下达任务，安排生产、加工、收购和催交，核实货物的品质、规格、数量、包装、刷唛情况，验收和清点货物，以及办理申报检验和领证等工作。

出口商与国内生产企业签订国内购货合同，落实备货。

2.报检

凡国家规定，或合同、信用证规定必须经中国进出口商品出入境检验检疫局检验出证的商品，在备货完毕后应及时向检验检疫局申请检验。只有取得商检局颁发的检验合格证书后，海关才准予放行，否则一律不得出口。申请报验的手续是到商检局申领并填制"出境货物报检单"，申请报验，同时还应附上合同和信用证副本等有关单据，供商检局检验和发证时参考。

货物经检验合格并取得证书后，进出口公司应在检验证书规定的有效期内将货物出运。

另外，对于出口量大、出口批次多的商品，出口企业可以在收到信用证前向商检局申请预检，若预检不合格，出口企业也有较充足的时间对货物进行重新加工整理，或重新寻找货源进行备货。

任务4.2 催证、审证、改证

1.催证

在正常情况下无须催证。但在实际业务中，有时国外进口商在遇到市场发生变化或资金发生短缺的情况时，往往会拖延开证。对此，出口方应催促对方及时开证，特别是大宗商品交易或按买方要求而特制的商品交易，更应结合备货情况及时进行催证。对于我国出口企业来说，必要时也可请我国驻外机构或中国银行协助或代为催证。当对方仍拒不开证时，我方要声明保留索赔权或拒交货物。

2.审证

依据买卖合同和国际商会现行的《跟单信用证统一惯例》的规定，对信用证进行认真

仔细的审查与核对,着重审核信用证与买卖合同在内容上是否一致。主要进行以下专项审核:

①对信用证的开证日期、开证地点、开证申请人和受益人的名称、地址等的审核。

②对信用证商品的名称、品质、规格、数量、包装等条款的审查。

③对信用证金额与货币的审查。

④对信用证规定的装运期、有效期和到期地点的审查。

⑤对信用证运输条款规定的审查。

⑥对信用证保险条款规定的审查。

⑦对信用证付款期限规定的审查。

⑧对单据的审查。

⑨对其他特殊条款的审查。

⑩对开证行责任条款的审查。

3.改证

在对信用证进行了全面细致的审核以后,如发现有任何与合同规定不符并影响到合同的顺利履行和安全收汇的条款时,应该对这些内容提出修改或者要求取消这些不能接受的条款。

按如图 4-1 所示的程序进行改证。

受益人审证后发现问题向开证申请人提出申请

进口商同意申请修改L/C时向开证行填写L/C修改申请书

开证行同意且将L/C修改书通知给通知行

通知行将开证行转来的L/C修改书随附在修改通知书上转给受益人

图 4-1

任务 4.3 租船订舱、报关、投保与装运

1.租船订舱

出口企业根据合同规定的装运期、货源情况以及船公司或其代理定期编制的船期表来安排订舱事宜。出口企业(在此环节又称托运人)既可以直接找船公司或船公司的代理人(以下称承运人)洽订舱位,也可以委托货运代理公司(以下称货代公司)代其洽订舱位。

在实际业务中,出口企业通常委托货代公司代为办理货物运输。

出口企业委托货代公司为其办理订舱出运业务时,需填写并向货代公司提供订舱委托书。另外,还需向货代公司提供商业发票、装箱单及其他单证。

货代公司接受代理业务后,缮制"托运单""装货单""配舱回单""收货单"等一式数份,分别用于货主、货代公司和船公司留底,之后货代公司持"托运单"等向承运人办理货物订舱手续。船公司如接受订舱,则在"托运单"的几联单据上编制提单号码,填上船名、航次并签字,表示确认托运人的订舱,并签发"装货单"(Shipping Order, S/O)。

2. 报关

出口货物报关按以下程序进行:

3. 投保

1)申请保险

按保险公司规定的格式和信用证中的有关规定逐笔填写"投保单",一式两份。经保险公司审核签署后,一份由保险公司留存,作为开立保险单据的依据;另一份交出口企业作为已接受承保的凭证。出口公司应按与进口方约定的险别为出口货物投保,如果买方未规定险别,只需投保平安险。

2)纳费领单

出口企业收到保险公司签署的"投保单"后,即按规定缴纳保险费,然后领取保险公司签发的保险单据。被保险货物到达目的地后,如发生承保责任范围内的损失,国外收货人可凭保险单等有关凭证向保险公司或其代理人索赔。

4. 装运

海关放行后,托运人或其代理即可凭盖有海关放行章的"装货单",与有关的港务部门和理货人联系,核查已发至码头的货物并做好装船准备工作,待轮船到达后,凭"装货单"装船。在装船的过程中,尤其是在不采用集装箱运输的情况下,托运人或其货运代理必须亲临现场,如发现货物短少、包装破损、污染等情况,应设法补齐、换货、修理或更换包装。

货物装船后,由承运船舶的船长或大副或其委托人向托运人或其货运代理签发"收货单"(也称"大副收据"即 Mate's Receipt,是船方表示已收到货物并已将货物装船的收据)。托运人或其货运代理持收货单向船公司交付运输费用后,即可换取"已装船提单"。为了便于进口方及时收货和付款,托运人或其代理应在货物装船后,及时向国外买方发出"装船通知"(Shipping Advice)。

任务 4.4　制单结汇

1.选择出口结汇的方式

我国出口结汇的方式主要有买单结汇(押汇)、收妥结汇和定期结汇 3 种。

2.缮制出口单据

遵循"严格符合原则",按照单据规范格式缮制全套出口单据。在出口业务中,用于银行结汇的单据主要有以下 4 大类:

①金融单据,如汇票等。

②商业单据,包括"商业发票""装箱单""保险单"等。

③运输单据,包括各种提单、"航空运单"、"铁路运单"、"邮包收据"等。

④证明文件,如"商检证书""原产地证书""承运货物收据""装运证明""受益人证明"等。

3.交单议付

除了向议付行提交所选某种支付方式下的全套出口单据外,还要同时附上"出口结汇申请书",并自留一套副本单据存档备查。议付行在收到提交单据后 5 个工作日内将审核单据的结果通知受益人。如果发现不符,出口商要在有效期内抓紧时间进行修改处理。如果没有不符点,议付行则按规定寄出单据向外索汇。当付款行将票款划入议付行的账户后,议付行就按当日的外汇牌价将货款折成人民币划入出口商账户。至此,出口商的一笔出口业务基本完成。

【课上操作任务】

1.单证员王丹的审证意见

湖南华兴进出口有限公司

中国长沙五一路 58 号

Hunan Huaxing Imp. & Exp. Co., Ltd.

58 Wuyi Road　　TEL:0086-731-62485800

Changsha, China　　　　FAX:0086-731-62485801

审证意见:

信用证存在的问题	需要修改的理由
①国外到期	①易产生逾期交单
②受益人公司名称有误	②影响收汇
③检验条款不妥	③限制过严
④一个品种货号有误	④与实际出运货号不符
⑤信用证金额有误	⑤无法全额出运货物

审证人：王丹

接着姚石根据审证结果草拟了下列改证函，列明了不符点，经刘经理审核修改后发给国外客户让他们进行修改。

湖南华兴进出口有限公司

Hunan Huaxing Imp. & Exp. Co., Ltd.

58 Wuyi Road Changsha, China

TEL：0086-731-62485800　　FAX：0086-731-62485801

DATE：April 25th, 2017

Dear Sirs,

We are very glad to receive your L/C No. LES-LXLC10, but we are quite sorry to find that it contains some discrepancies with the S/C. Please instruct your bank to amend the L/C as quickly as possible.

The L/C is to be amended as follows.

1) Place of Expiry should be "in China".

2) The name of the Beneficiary is Hunan huaxing Imp. & Exp. Co., Ltd., not "Hunan Longxing Imp. & Exp. Co., Ltd. ".

3) Delete the clause "inspection certificate issued by the representative of Leisure International Trading Corporation" to "Inspection certificate issued by the CCPIT".

4) The L/C is covering shipment of "Huanle Brand Pac Boots Art. No. SH226 as per Buyers Order No. LES97100", not "Huanle Brand Pac Boots Art. No. SH227 as per Buyers Order No. LES97100".

5) The amount of L/C should be USD 48,210.00, not "USD 482,100.00".

Please see to it that the L/C amendment must reach us before April 30,2017, failing which we shall not be able to effect punctual shipment. Thank you in advance for your kind cooperation.

Yours Faithfully,

Yao Shi

国外客户于2017年4月28日收到姚石的改证函后，确认理由合理，于是向开证行申请修改,通知行将开证行转来的 L/C 修改书随附在 L/C 修改通知书上转给受益人。

信用证修改通知书

SWIFT：BKCHCNBJ970

Notification of Amendment to Documentary Credit

FAX：0731-63232071

YEAR/MONTH/DAY 2017/04/29

ISSUING BANK BANK OF MONTREAL INTERNATIONAL BANKING(B. C.) P. O./C. P. 49350 VANCOUVER B. C. V7X1L5	DATE OF THE AMENDMENT APR. 28th, 2017
BENEFICIARY HUNAN HUAXING IMP. & EXP. CO., LTD. 58 WUYI ROAD CHANGSHA, CHINA	APPLICANT LEISURE INTERNATIONAL TRADING CORPORA-TION 237 JOHNSON ROAD, 39210 VANCOUVER, B. C., CANADA

L/C NO. LES-LXLC10	DATED APR. 14th 2017	THIS AMENDMENT IS TO BE CONSIDERED AS PART OF THE ABOVE MENTIONED CREDIT AND MUST BE ATTACHED THERETO.

DEAR SIRS,

WE HAVE PLEASURE IN ADVISING YOU THAT WE HAVE RECEIVED FROM THE ABOVE MENTIONED BANK AN AMENDMENT TO DOCUMENTARY CREDIT No. LES-LXLC10, CONTENTS OF WHICH ARE AS FOLLOWS：

1)PLACE OF EXPIRY NOW READ "IN CHINA".

2)THE NAME OF THE BENEFICIARY IS HUNAN HUAXING IMP. & EXP. CO., LTD., NOT "HUNAN LONGXING IMP. & EXP. CO. ,LTD. "

3)AMEND THE CLAUSE "INSPECTION CERTIFICATE ISSUED BY THE REPRESENTATIVE OF "LEI-SURE INTERNATIONAL TRADING CORPORATION" TO "INSPECTION CERTIFICATE ISSUED BY THE CCPIT"

4)THE L/C IS COVERING SHIPMENT OF "HUANLE BRAND PAC BOOTS ART. NO. SH226" INSTEAD OF "HUANLE BRAND PAC BOOTS ART NO. SH227".

5)THE AMOUNT OF L/C NOW READ "USD 48,210.00"(U. S. DOLLARS FORTY EIGHT THOUSAND TWO HUNDRED AND TEN ONLY.)

ALL OTHER TERMS AND CONDITIONS REMAIN UNCHANGED.

THE ABOVE MENTIONED DOCUMENTARY CREDIT IS SUBJECT TO UCP600.

PLEASE ADVISE THE BENEFICIARY：	ADVISING BANK'S NOTIFICATIONS：
HUNAN HUAXING IMP. & EXP. CO., LTD.	CHU KONG HOU

信用证修改书

MT 700		AMENDMENT TO A DOCUMENTARY CREDIT

FM：BANK OF MONTREAL

INTERNATIONAL BANKING（B. C.）

P. O. ／C. P. 49350

VANCOUVER B. C. V7X1L5

TO：ADVISING BANK：

BANK OF CHINA, HUNAN BRANCH

50 FURONG ROAD

CHANGSHA, P. R. CHINA

DATE OF ISSUE	31C：	170414
DATE OF AMENDMENT	40A：	IRREVOCABLE
NUMBER OF AMENDMENT	26E：	1
BENEFICIARY	59：	HUNAN HUAXING IMP. & EXP. CO., LTD.
		58 WUYI ROAD
		CHANGSHA, CHINA
AMENDMENT	47A：	1）PLACE OF EXPIRY NOW READ "IN CHINA".
		2）THE NAME OF THE BENEFICIARY IS HUNAN HUAXING IMP. & EXP. CO., LTD., NOT "HUNAN LONGXING IMP. & EXP. CO.,LTD."
		3）AMEND THE CLAUSE "INSPECTION CERTIFICATE ISSUED BY THE REPRESENTATIVE OF "LEISURE INTERNATIONAL TRADING CORPORATION" TO "INSPECTION CERTIFICATE ISSUED BY THE CCPIT".
		4）THE L／C IS COVERING SHIPMENT OF "HUANLE BRAND PAC BOOTS ART. NO. SH226" INSTEAD OF "HUANLE BRAND PAC BOOTS ART NO. SH227".
		5）THE AMOUNT OF L／C NOW READ "USD 48,210. 00" (U. S. DOLLARS FORTY EIGHT THOUSAND TWO HUNDRED AND TEN ONLY.)

2. 姚石根据订舱单据的填制要求填写订舱文件

①填写"出口货物订舱委托书"。

出口货物订舱委托书

公司编号：BH10LX   日期：9-May-2017

1）发货人	4）信用证号码 LES-LXLC10	
Hunan Huaxing Imp.& Exp. Co., Ltd.	5）开证银行 Bank of Montreal	
58 Wuyi Road	6）合同号码 LX-LESSC10	7）成交金额 USD 48,210. 00
Hunan, China	8）装运口岸 Guangzhou	9）目的港 Vancouver

续表

2）收货人 To Order		10）转船运输 Yes		11）分批装运 Yes		
		12）信用证效期 15-Jun-2017		13）装船期限 31-May-2017		
		14）运费 Prepaid		15）成交条件 CIFC3 Vancouver		
		16）公司联系人 姚石		17）电话/传真 0731-62485800		
3）通知人 Leisure International Trading Corp. 237 Johnson Road，39210 Vancouver B. C.，Canada		18）公司开户行 Bank of China		19）银行账号 89705645436		
		20）特别要求				
21）标记唛码	22）货号规格	23）包装件数（CTNS）	24）毛重（KGS）	25）净重（KGS）	26）数量（PRS）	27）单价（USD）	28）总价（USD）
LEISURE LES 97100 VANCOUVER No. 1-500CTNS	Pac Boots					CIFC3 Vancouver	
	SH226	500	6,000	5,000	3,000	16. 07	48,210. 00
		29）总件数（CTNS） 500	30）总毛重（KGS） 6,000	31）总净重（KGS） 5,000	32）总尺码（CBM） 54		33）总金额（USD） 48,210. 00
34）备注							

②填写"托运单"。

海运集装箱货物出口

Shipper（发货人） Hunan Huaxing Imp. & Exp. Co.，Ltd. 58 Wuyi Road Changsha，China	
Consignee（收货人） To Order	D/R No.（编号） LX-LESBL10 装货单
Notify Party（通知人） Leisure International Trading Corp. 237 Johnson Rd，39210 Vancouver B. C. Canada	

Pre-carriage by （前程运输）	Place of Receipt （收货地点）
Vessel （船名） Jiefang	Voy. No. （航次） V. 301	Port of Loading （装货港） Guangzhou

续表

Port of Discharge （卸货港） Vancouver B. C.			Place of Delivery （交货地点）		Final Destination for the Merchant's Reference（目的地）	
Container No. （集装箱号）	Marks & Nos. （标志与号码）	Nos. Kinds of Pa-ckages （包装件数与种类）	Description of Goods （货名）	Gross Weight（kg） 毛重(千克)	Measurements （m³） Size（CBM）尺码 （立方米）	
46532811	Leisure LES 97100 Vancouver NO. 1-500CTNS	500CTNS 实际装船日： （On board date） 2017-5-20	Pac Boots	6,000	54	
Total Number of Containers or Packages（In Words） 集装箱数或件数合计（大写）		Say five hundred cartons only. 1×40 FCL				
Freight & Charges （运费与附加费） AS ARRANGED		Revenue Tons （运费吨）	Rate（运费率） as arranged	Prepaid （预付） GUANGZHOU	Collect （到付）	
Ex. Rate： （兑换率）	Prepaid at（预付地点）		Payable at （到付地点）	Place of issue（签发地点）		
	Total Prepaid（预付总额）		No. of Original B(s)/L（正本提单份数） THREE			
Services Type on Receiving CY	Services Type on Deceive CY		中华人民共和国海关 验讫放行			
可否转运：YES	可否分批：YES					
装船期：31-May-2017	有效期：15-Jun-2017					
金额：USD 48,210.00						
制单日期：16-May-2017						

③填写"商业发票"。

商业发票

COMMERCIAL INVOICE

1. Exporter HUNAN HUAXING IMP. & EXP. CO., LTD 58 Wuyi Road CHANGSHA, CHINA		4. Invoice Date and No. LX-LESINV 10	
		5. S/C NO. LX-LESSC 10	6. L/C NO. LES-LXLC 10
2. Importer Leisure International Trading Corporation 237 Johnson Road, 39210 Vancouver B. C., Canada		7. Country/region of origin CHINA	
		8. Trade mode CIFC3 VANCOUVER	
3. Transport Details FROM GUANGZHOU, CHINA TO VANCOUVER, CANADA		9. Terms of payment L/C AT SIGHT	
10. Shipping marks; Container No.	11. Number and kind of package; Description of goods	12. Quantity (Pairs)	13. Unit Price (USD/PAIR)	14. Amount (USD)
LEISURE LX-LESSC 10 VANCOUVER No. 1-500CTNS	HUANLE BRAND PAC BOOTS ART. NO SH226 EACH PAIR TO BE PACKED IN ONE BOX, SIX BOXES TO A CARTON, AND 3 000 BOXES TO A 40 FCL CONTAINER. 500 CARTONS	3,000	CIFC3 VAN-COUVER 16. 07/pair	48,210. 00
Total:		3,000		48,210. 00
15. Total amount (in figure and word) SAY US DOLLARS FORTY EIGHT THOUSAND TWO HUNDRED AND TEN ONLY HUNAN HUAXING IMP. & EXP. CO., LTD. WANG DAN 5 COPIES				

④填写"装箱单"。

装箱单
PACKING LIST

1）SELLER HUNAN HUAXING IMP. & EXP. CO., LTD. 58 Wuyi Road CHANGSHA, CHINA	3）INVOICE NO. LX-LESINV10		4）INVOICE DATE May 9,2017		
	5）FROM GUANGZHOU, CHINA		6）TO VANCOUVER, CANADA		
	7）TOTAL PACKAGES（IN WORDS） SAY FIVE CARTONS ONLY				
2）BUYER LEISURE INTERNATIONAL TRADING CORP. 237 JOHNSON ROAD, 39210 VANVOUVER B. C., CANADA	8）MARKS & NOS. LEISURE LES 97100 VANCOUVER NO. 1-500CTNS				
9）MARKS & NOS.	10）NOS. & KINDS OF PKGS.	11）QTY.（PAIRS)	12）G.W.（kg)	13）N.W.（kg)	14）MEAS（m³)
LEISURE LES 97100 VANCOUVER No. 1-500CTNS	HUANLE BRAND PAC BOOTS ART. NOSH226 500 CARTONS	3,000	6,000	5,000	54
	EACH PAIR TO BE PACKED IN ONE BOX, SIX BOXES TO A CARTON, AND 3 000 BOXES TO A 40 FCL CONTAINER. 6 PAIRS/CTN 500 CARTONS		G. W. （KGS) 12/CTN	N. W. （KGS) 10/CTN	MEAS（m³) 0. 108/CTN
		15）ISSUED BY HUNAN HUAXING IMP. & EXP. CO., LTD.			
		16）SIGNATURE WANG DAN			

3. 填写报关文件

①填写"出口货物报关单"。

中华人民共和国海关出口货物报关单

预录入编号：   海关编号：

出口口岸 广州海关		备案号		出口日期 2017-05-20	申报日期 2017-05-13
经营单位 湖南华兴进出口有限公司		运输方式 海运		运输工具名称 Jiefang V. 301	提运单号 JL-LESBL10
发货单位 湖南华兴进出口有限公司		贸易方式 一般贸易		征免性质	结汇方式 信用证
许可证号	运抵国（地区） 加拿大	指运港 Vancouver			境内货源地 株洲
批准文号	成交方式 CIF	运费（美元） USD 3,800.00		保费（美元） USD546.74	杂费（美元） USD110
合同协议号 LX-LESSC 10	件数（纸箱） 500 CARTONS	包装种类（纸箱） CARTONS		毛重（千克） 6,000	净重（千克） 5,000
集装箱号 46532811	随附单据 商业发票及装箱单				生产厂家 株洲红景制鞋厂
标记唛码及备注 LEISURE LES 97100 VANCOUVER No.1-500 CTNS					
项号 商品编号 商品名称、规格型号 数量及单位 最终目的国（地区） 单价 总价 币制 征免					
01 6403120090 PAC BOOTS SH226 3,000PAIRS CANADA 16.07 48,210.00 美元 一般征免					
录入员	录入单位	兹声明以上申报 无讹并承担法律 责任		海关审单批注及放行日期（签章）	
报关员 Daniel Huang				审单	审价
单位地址 58 Wuyi Road Changsha, China	申报单位（签章） Hunan Huaxing Imp. & Exp. Co., Ltd. 王丹			征税	统计
邮编 电话 填制日期 ×××××× 62485800 2017-05-12				查验	放行

②填写"商业发票"（略）。

③填写"装箱单"（略）。

4. 填写"出口货物投保单"

海运出口货物投保单

1）保险人： 中国人民保险公司		2）被保险人： HUNAN HUAXING IMP. & EXP. CO., LTD	
3）标记： LEISURE LES 97100 VANCOUVER No. 1-500CTNS	4）包装及数量： 500 CTNS	5）保险货物项目： HUANLE BRAND PAC BOOTS	6）保险货物金额： USD 53 031. 00
7）总保险金额（大写）： SAY US DOLLARS FIFTY-THREE THOUSAND AND THIRTY ONE. ONLY.			
8）运输工具：　　（船名）　　　（航次） 　　　　　　　Jiefang　　　V. 301			
9）装运港：GUANGZHOU		10）目的港：Vancouver B. C. Canada	
11）投保险别： All Risks and War Risk as per Ocean Marine Cargo Clause C. I. C. dated Jan. 1st, 1981		12）货物起运日期：20-May-2017	
13）投保日期： 15-May-2017		湖南华兴进出口有限公司 Hunan Huaxing Imp. & Exp. Co., Ltd. 王丹	

5. 拟写装运通知

湖南华兴进出口有限公司

中国长沙五一路58号

Hunan Huaxing Imp. & Exp. Co., Ltd.

58 Wuyi Road　　TEL：0086-731-62485800

Changsha, China　　FAX：0086-731-62485801

DATE：May 20th, 2017

Leisure International Trading Corporation

237 Johnson Rd. 39210

Vancouver B. C. Canada

TEL：01-11-4533212

FAX：01-11-4533211

Dear Sir/Madame

We are glad to inform you that Huanle Brand Pac Boots Art. No SH 226 under S/C No. LX-LESSC 10 against L/C No. LES-LXLC 10 covering 3,000 pairs have been shipped on board s. s. Jiefang V. 301 from Guangzhou to Vancouver B. C. on May 20th, 2017, and we have sent, under separate cover, a full set of non-negotiable documents at your request. We hope the shipment will turn out to be satisfactory to you, and may a bright future between us.

Best regards!

Wang Dan

Hunan Huaxing Imp. & Exp.Co.,Ltd.

6. 缮制全套出口结汇单据

①填写"汇票"。

BILL OF EXCHANGE

凭		不可撤销信用证
Drawn Under BANK OF MONTREAL		Irrevocable L/C No. LES-LXLC10

日期
Date   April,14,2017   支取 Payable With interest @   %   按   息   付款
号码   上海   2017 年   5 月   27 日
No.   LX-LESINV10   汇票金额   USD48,210.00   Shanghai
                     Exchange for
                     见票
                     at   *****   sight of this FIRST of Exchange (Second of Exchange
Being   unpaid) Pay to the order of   BANK OF CHINA ,HUNAN BRANCH
金额
the sum of   U.S. DOLLARS FORTY EIGHT THOUSAND TWO HUNDRED AND TEN ONLY.

此致   BANK OF MONTREAL   For and on behalf of international banking(B.C.)
To   P.O./C.P.49350
       Vancouver B.C. V7X1L5

                                        Hunan Huaxing Imp. & Exp. Co., Ltd.
                                                王丹
                                                (Authorized Signature)

---

②填写"提单"。

Shipper HUNAN HUAXING IMP. & EXP . CO., LTD. 58 WUYI ROAD,CHANGSHA,CHINA	B/L No.
Consignee or order TO ORDER	COSCO 中国远洋运输总公司 CHINA OCEAN SHIPPING(GROUP) CO. **OCEAN BILL OF LADING**
Notify address LEISURE INTERNATIONAL TRADING CORPORA- TION 237 JOHNSON ROAD 39210 VANCOUVER B. C., CANADA	SHIPPED on board in apparent good order and condition (unless otherwise indicated) the goods or packages specified herein and to be discharged at the mentioned port of discharge or as near thereto as the vessel may safely get and be always afloat. The weight, measure, marks and numbers, quality, contents and value, being particulars furnished by the Shipper, are not checked by the Carrier on loading.

Pre-carriage by	Port of loading GUANGZHOU, CHINA	The Shipper, Consignee and the Holder of this Bill of Lading hereby expressly accept and agree to all printed, written or stamped provisions, exceptions and conditions of this Bill of Lading, including those on the back hereof.
Vessel JIEFANG, V301	Port of transshipment	IN WITNESS whereof the number of original Bills of Lading stated below have been signed, one of which being accomplished the other(s) to be void.
Port of discharge VANCOUVER. CANADA	Final destination	

续表

Container. seal No. or marks and Nos.	Number and kind of package	Description of goods	Gross weight (kgs.)	Measurement (m³)
LEISURE LES 97100 VANCOUVER NO. 1-500 CTNS	500CTNS	HUANLE BRAND PAC BOOTS AS PER BUYER'S ORDER NO. LES 97100 CONTAINER NO. 46532811	6,000	54

Freight and charges FREIGHT PREPAID		REGARDING TRANSHIPMENT INFORMATION PLEASE CONTACT

Ex. rate AS ARRANGED	Prepaid at GUANGZHOU	Freight payable at	Place and date of issue GUANGZHOU May 20,2017
	Total prepaid	Number of original Bs/L THREE	Signed for or on behalf of the Master BY 倪永海 AS AGENT FOR COSCO GUANGZHOU SHIPPING CO., LTD. As Agent

③填写"商业发票"(略)。

④填写"保险单"。

中保财产保险有限公司

The People's Insurance (Property) Company of China, Ltd

发票号码

Invoice No.   LX-LESINV10

保险单号次

Policy No.   LX-LESBD10

海洋货物运输保险单

MARINE CARGO TRANSPORTATION INSURANCE POLICY

被保险人:

Insured: HUNAN HUAXING IMP. & EXP. CO., LTD.

中保财产保险有限公司(以下简称本公司)根据被保险人的要求及其所缴付约定的保险费,按照本保险单承担险别和背面所载条款与下列特别条款承保下列货物运输保险,特签发本保险单。

This policy of Insurance witnesses that the People's Insurance (Property) Company of China, Ltd. (hereinafter called "The Company"), at the request of the Insured and in consideration of the agreed premium paid by the Insured, undertakes to insure the undermentioned goods in transportation subject to conditions of the Policy as per the Clauses printed overleaf and other special clauses attached hereon.

保险货物项目 Descriptions of Goods	包装 单位 数量 Packing Unit Quantity	保险金额(美元) Amount Insured(USD)
HUANLE BRAND PAC BOOTS AS PER BUYER'S ORDER LES 97100	500CTNS	USD 53,031.00

承保险别

Conditions

ALL RISKS AND WAR RISK AS PER OCEAN MARINE

CARGO CLAUSES OF C. I. C., DATED 1/1/1981

货物标记

Marks of Goods

LEISURE

LES 97100

VANCOUVER

No. 1-500CTNS

总保险金额：

Total Amount Insured: US DOLLARS FIFTY THREE THOUSAND AND THIRTY ONE

保费　　　　　　　　载运输工具　　　　　　　　　开航日期

Premium AS ARRANGED Per conveyance S. S JIEFANG V. 301 Slg. on or abt May 20th, 2017

起运港　　　　　　　　　　　　　　　　目的港

Form GUANGZHOU, CHINA　　　　　　　To VANCOUVER B. C., CANADA

　　所保货物,如发生本保险单项下可能引起索赔的损失或损坏,应立即通知本公司下述代理人查勘。如有索赔,应向本公司提交保险单正本(本保险单共有　份正本)及有关文件。如一份正本已用于索赔,其余正本则自动失效。

　　In the event of loss or damage which may result in acclaim under this Policy, immediate notice must be given to the Company's Agent as mentioned here under. Claims, if any, one of the Original Policy which has been issued in original (s) together with the relevant documents shall be surrendered to the Company. If one of the Original Policy has been accomplished, the others to be void.

赔款偿付地点

Claim payable at　VANCOUVER B. C IN USD

日期　　　　　　　　　　　　　　　　在

Date May 18th, 2017　　　　　　　　at GUANGZHOU

地址：

Address:＿＿＿＿＿＿＿＿＿＿＿＿＿＿＿＿＿＿＿＿＿＿

　　⑤填写"装箱单"(略)。

　　⑥填写"商品检验证书"。

中华人民共和国湖南进出口商品检验局
HUNAN IMPORT & EXPORT COMMODITY INSPECTION BUREAU
OF THE PEOPLE'S REPUBLIC OF CHINA

品 质 证 书   编号 NO.：LX -LEIORG10

发货人： Consignor：	Hunan Huaxing Imp. & Exp. Co., Ltd.	
收货人： Consignee：	Leisure International Trading Corp.	
品名： Description of Goods	Huanle Brand Pac Boots	标记及号码
报验数量/重量： Quantity/Weight Declared：	3,000 Pairs/6,000 kgs	MARK & NO. LEISURE
包装种类及数量： Number and Type of Packages：	500 Cartons	LES 97100 VANCOUVER
运输工具： Means of Conveyance	JIEFANG V. 301	No. 1-500CTNS

检验结果 RESULTS OF INSPECTION：

THE GOODS ARE OF THE ABOVE-DECLARED QUANTITY AND WEIGHT, AND THE QUALITY IS IN
CONFORMITY WITH S/C NO. LX-LESSC10.

主任检验员 李焕
Chief Inspector：

签证地点 Place of issue：CHANGSHA   签证日期 Date of issue：2017 年 5 月 12 日

印章
Official Stamp

⑦拟写单据传递方式证明书。

证明 1。

Hunan Huaxing Imp. & Exp. Co., Ltd.
58 Wuyi Road
CHANGSHA, CHINA
CERTIFICATE

DATE：May 20th, 2017

TO：LEISURE INTERNATIONAL TRADING CORPORATION

This is to certify that one full set of non-negotiable copies of documents has been sent by air-mail directly to Leisure International Trading Corp.

Wang Dan

Hunan Huaxing Imp. & Exp. Co., Ltd.

证明 2。

Huaxing Imp. & Exp. Co., Ltd.

58 Wuyi Road

CHANGSHA, CHINA

CERTIFICATE

DATE：May 20th，2017

TO：LEISURE INTERNATIONAL TRADING CORPORATION

This is to certify that one full set of invoice and B/L have been faxed directly to Leisure International Trading Corp.

Wang Dan

Huaxing Imp. & Exp. Co., Ltd.

知识链接

1. 出口合同履行的程序

出口合同履行的程序,如图 4-2 所示。

图 4-2

2. 审证

审证即是对信用证进行审核,这是信用证业务中极其重要的环节。

审核信用证是银行(通知行)与出口企业的共同责任。银行着重审核开证行的政治背景、资信能力、付款责任和索汇路线等方面的内容,出口企业则着重审核信用证内容与买卖合同是否一致。

（1）银行审证。

银行比出口企业更先收到信用证，其对来证的审核主要包括以下内容。

①政治性的审查。来证国家和地区必须是与我国有经济往来的国家和地区。来证各项内容应符合我国的方针政策，不得有歧视性内容，否则应根据不同情况同开证行进行交涉。

②开证银行资信的审查。为了保证安全收汇，对开证行的政治背景、资信能力、经营作风，以及印鉴密押是否相符、索汇路线是否正确、收汇是否安全等必须审核。对于资信不佳的银行应酌情采取适当措施，如要求另一家银行加以保兑。

③对信用证的性质与开证行付款责任的审查。审查来证是否标明"不可撤销"的字样，是否同时在证内载有开证行保证付款的文句。有些国家的来证，虽然注明有"不可撤销"的字样，但在证内对开证行的付款责任又加列"限制性"条款或"保留"条件，如"领到进口许可证后信用证方可生效""船公司、船名和目的港须征得开证人同意后，方可装运货物""在货物清关后方可支付货款"等，这些条款改变了信用证的性质，因此，出口商必须特别注意。

（2）出口企业审证。

银行在对信用证进行审核后，将其交给出口企业。出口企业既要对银行审核的内容进行复核，又要着重对信用证进行以下专项审核。

①对信用证的开证日期、开证地点、开证申请人和受益人的名称、地址等的审核。

②对信用证商品的名称、品质、规格、数量、包装等条款的审查。证中有关商品名称、规格、数量、包装、单价等项内容必须和合同规定相符。

③对信用证金额与货币的审查。信用证金额应与合同金额相一致，如合同订有溢短装条款，信用证金额亦应包括溢短装部分的金额。信用证金额中单价与总值要填写正确，大、小写并用。来证采用的货币应与合同规定的相一致，如信用证来自与我国订有支付协定的国家，则使用货币应与支付协定相符。

④对信用证规定的装运期、有效期和到期地点的审查。装运期必须与合同规定相一致，若信用证中未规定装运期，则信用证的有效期即被视为装运期，信用证有效期一般应与装运期有一定的合理间隔，以便在装运货物后有足够时间办理制单结汇工作。在我国的出口业务中，通常要求信用证的议付到期日规定在装运期限后15天。若信用证的装运期与有效期是同一天，业务上称其为"双到期"；若信用证内只注明有效期，但未注明装运期的话，也应理解为"双到期"。遇到这种情况，出口企业应在装运期内尽快完成装运工作，否则可能来不及在有效期届满前向银行交单。关于信用证的到期地点，通常要求规定在中国境内到期，若信用证将到期地点规定在国外或国外银行的柜台等，我方不易掌握国外银行收到单据的确切日期，这不仅会影响收汇时间，而且容易引起纠纷，故一般不宜接受。

⑤对信用证运输条款规定的审查。首先应审查来证对装运港（起运地）、目的港（目的地）以及转运和分批转运的规定是否与合同相符。除非合同中有明确规定，出口方应要求信用证允许转运或分批装运，或对此不作规定。另外，还应审查来证对分批装运是否有特殊要求。有的信用证在规定分批装运期限的同时，也规定了各批装运的具体数量，这时只要分批装运中有一期未能按时运出，则信用证对该期及以后各期均告失效。若出口企业对这些特殊要求难以办到，就应向对方提出修改要求。

⑥对信用证保险条款规定的审查。出口企业应对来证中规定的投保险别、保险金额和

投保加成率等内容进行审核,如发现投保险别与合同规定不符或提高了投保加成率,则应要求对方修改。即使在来证中规定额外保险费可以证外超支时,也应先征求保险公司的同意,否则不予办理,应改证。

⑦对信用证付款期限规定的审查。审查信用证付款期限是否与合同相符,在远期付款条件下,信用证是否对买方负担利息的条款作出了与合同一致的规定。在即期合同下,只要开证行资信可靠,我方也可以接受对方开来的假远期信用证。

⑧对单据的审查。对于来证中要求提供的单据种类和份数及填制方法等,要进行仔细审核,特别是要审查对发票、装箱单、重量单、产地证书、检验证书等单据的内容有无特殊要求,如发现有不正常的规定,例如要求商业发票或产地证明须由国外第三者签证以及提单上的目的港后面要加上指定码头等,都应慎重对待。

⑨对其他特殊条款的审查。在审证时,除对上述内容进行仔细审核外,还应对信用证内加列的许多特殊条款进行审查,如指定船公司船籍、船龄等条款。

⑩对开证行责任条款的审查。国外开证行一般应有保证付款的声明,并注明"除另有规定外,本行根据国际商会《UCP 600》办理"。如果信用证中没有上述规定,甚至加列某种"保留"和"限制"条款,我有关银行和企业不应接受这种信用证,应向对方提出改证。

(3)检查信用证中有无"软条款"。

"软条款"(Soft Clause)是指置出口方于不利地位的弹性条款,即信用证中所有无法由受益人自主控制的条款。

"软条款"信用证常见的表现形式主要有以下几种:

①要取得进口许可证,信用证才能生效。

②信用证暂时不生效,何时生效由银行另行通知。

③信用证规定必须由申请人或其指定的签字人验货并签署质量检验合格证书,才能付款或生效。

④有关运输事项如船运公司、船名、装船日期、装卸港等须以开证申请人的书面通知或开证行的修改通知为准。

⑤品质证书须由申请人出具,或须由开证行核实,或其印鉴必须与开证行的档案记录相符,信用证才能生效等。

⑥受益人凭买方签发的货物收据或买卖双方共同签订的交接单据议付。

具有上述条款的信用证,并不一定就是"软条款"信用证。实践中,由于各当事人之间的交易习惯和经常性做法不尽相同,有些要求对于其他当事人而言属于"软条款",对于另一当事人就不是"软条款",而是正常做法所要求的条款。因此,判断何为"软条款",尚需要结合当事人的交易习惯和做法,而不能简单地下结论。

出口商最好与进口商事先商定好,选择信誉较好的银行作为开证行。由于这些银行操作规范、服务质量高,一般会严肃认真地对待"软条款"问题。对出口商来说,风险概率会大大降低。

3.改证工作中需注意的问题

在改证工作中,需注意6个问题。

①凡需要修改的各项内容,应做到一次向国外客户全部提出。尽量避免由于我方考虑

不周而多次提出修改要求的情况。否则,会使履约受到影响,而且手续烦琐,改证费用过高会引起国外客户的不满。

②对通知行转来的"信用证修改通知书"的内容,经审核后只能全部接受或全部拒绝,不能只接受一部分而拒绝其余部分。

③接到国外银行寄来的信用证修改通知书后应仔细审核。如发现修改内容仍难以接受,应在三个工作日内将修改书退回通知行并说明有关情况。

④对提出修改的信用证,必须在收到修改通知书并审核同意后,方可将货物装船出运,否则会使我方陷入被动,影响收汇安全。

⑤对来证不符合合同规定的各种情况还需作出具体分析,不一定坚持要求对方办理改证手续。只要来证内容不违反政策和原则,并能保证我方安全迅速收汇或经过适当努力可以办到而并不造成损失的,我方也可以酌情处理。

⑥信用证修改书作为信用证一个不可分割的部分,应在交单时连同信用证正本一起提交银行。

4. 租船订舱

(1)订舱的流程。

订舱是指托运人(包括其代理人)向班轮公司(即承运人,包括其代理人)洽订班轮舱位、申请货物运输,承运人对这种申请给予承诺的行为。

以 CIF 价格条件成交,办理订舱手续的程序是:出口商填制海运出口货物订舱委托书,随附出口货物明细单、商业发票、装箱单等;委托货运代理订舱,货运代理接受委托后根据商品流向和船期表向船公司或其代理人提出"托运单"(B/N);船公司收到托运单后,根据配载原则安排船只或舱位并签发"装货单"(S/O),运输合同即告成立,待船只到港后货主或其代理人便可以凭该单发货、报关、装运。

当前电子托运订舱兴起。通过电子报文形式的订舱方式称为电子托运。电子托运的基本流程是:托运人在其办公场所将标准结构的托运单电子数据报文,通过终端申报或登录船公司的网站,在"订舱托运"系统中,向船公司计算机系统发送托运电子数据;船公司或其代理收到电子托运数据后安排舱位,一旦船公司确认订舱后,再发送"接受订舱"回执给托运人,将确定的船名、航次、关单号等信息数据传回托运人,完成托运订舱手续。电子托运完成订舱仅需几分钟,与传统纸质订舱的制单、送单、确认、配载、取单过程相比,差错率降低,订舱效率提高。

(2)订舱所需的主要单证。

进出口商办理订舱手续所需的主要单证有:进出口货物明细单、海运进出口货物订舱委托书、商业发票和装箱单等。

5. 报关

出口货物报关是指出口货物的发货人或其代理人在规定的期限内向海关交验有关单证,办理出口货物申报手续的法律行为。

(1)申报。

申报是指报关员在海关规定的时间内,持规定的单证向海关申请对出口货物的查验、放行。除海关特准外,报关人员应在装货前 24 小时向海关申报出口。企业经与直属海关、第三方认证机构(中国电子口岸数据中心)签订电子数据应用协议后,可在全国海关适用"通关作业无纸化"通关方式。

申报时需按海关规定的格式填写"出口货物报关单",一式两份。报关随附下列单证交海关审核:出口货物许可证、发票、装箱单、法定检验证书或免检证明书、减免税的证明文件。对应实施商品检验的文物、医药,受出口管制或受其他管制的出口货物,还应交验有关主管部门签发的证明文件。海关认为必要时,出口企业还须提供销售合同、产地证明及账册等。

海关收到上述单证后,即进行认真审核,以确定所申报的出口货物是否符合我国《海关法》及有关法律规定。

(2)查验。

查验指海关以经过审核的单证为依据,在海关监管场所,对所申报的出口货物进行实际核查、验证。核查是海关对照报关单核对货物的品种、件数、数(质)量、标记唛码等。验证是海关或海关委托有关部门对货物的化学性质、物理性质、使用价值及功能予以确认。

海关查验时出口货物的发货人或其代理人应派人到现场并负责搬移货物、开拆和重封货物的包装。对于成套设备、精密仪器、贵重物资、急需物资、集装箱货物等,若在海关规定场所查验确有困难,经海关核准,海关可派人到发货人仓库、场地或监管区域外的其他合适地点进行查验。如果采用这种方式,海关将按规定的收费标准收取一定的费用。

(3)纳税。

出口货物的发货人或其代理人应在规定的期限内向海关缴纳税款。

(4)放行。

海关经审核单证和查验货物未发现问题,在应纳税货物完成出口纳税或提供担保后,由海关审结完毕,电子放行,现场在装货单上加盖放行印章,准予货物出境。海关放行后,出口企业或其代理人即可对货物装船发运。

6.我国出口结汇的做法

(1)主要方式。

①买单结汇。又称"出口押汇",这是国际银行界通常所采用的"议付"的做法。它是指议付行收到出口企业提交的单据后,按照"单证相符、单单相符"的原则审单无误后买入单据,从票面金额中扣除从议付日到收到票款日的利息及手续费,将余额按当日外汇牌价折算成人民币,垫付给出口企业。议付行买入单据后,即成为单据持有人,可凭票向付款行索取票款。这种结汇方式实际上是银行对出口企业提供的资金融通,企业收汇较快,有利于企业的资金周转。

②收妥结汇。又称收妥付款,是指国内银行在审核企业提交的单据无误后,将全套单据寄交信用证规定的国外付款行,待收到对方付款后再对出口企业付款。在这种付款方式下,银行不承担风险,不垫付资金,但企业收汇较慢。

③定期结汇,是指国内议付行在审核企业提交的单据无误后,根据向国外付款行索偿所需时间,预先确定一个固定的结汇期限,到期后主动将票款付给出口企业。

(2)对"单证不符"情况的处理。

在实际业务中,凭信用证成交的货物,在出运后如发现单证不符,又由于时间限制来不

及改单,无法在信用证到期日和交单期限内做到单证相符,则可根据情况灵活处理,一般来说可采取以下4个办法:

①授权国内被指定银行将不符单据采用航空邮寄的方式寄交国外开证行。银行要在收到开证行接受单据的通知后才根据该信用证的种类予以付款、承兑或议付。假若开证行拒绝接受不符单据,出口企业只能寻求其他途径解决。

②采用"电提"方式征求意见。为了尽快知道国外开证行对不符单据的态度,出口企业可以授权被指定的国内银行采用电传等电信方式将单据中的不符点通知开证行,国内银行在收到国外开证行授权通知后才按授权通知的内容付款、承兑或议付。这种做法称为"电信提出",简称"电提"。

③采用担保议付的办法。当国内议付行审单发现不符点时,如情节较严重,在征得进口方同意后出口企业可向议付行出具担保书,要求凭担保付款或议付。这时议付行向国外开证行寄单时,在随附单据的表面盖上注明不符点和"凭保议付"字样。此种做法称作"表盖提出",简称"表提"。如果开证行拒付货款,议付行则有权要求担保人履行担保书中所作出的承诺。

④改为跟证托收。在单证不符情况下,国内议付行不愿采用以上三种办法或虽已采用,但国外开证行仍拒付时,出口企业只能采用托收方式委托国内银行作为托收银行向国外开证行寄单收款。由于这种托收与原信用证有关,为了使进口方易于了解该项托收业务的由来,托收行仍以原开证行作为代收银行,请其代为收款。这种做法称为"跟证托收"。

值得指出的是:当采用上述几种处理办法时,出口企业已经失去了开证银行在信用证上所作出的付款保证,从而使出口收汇从凭银行信用变成了凭商业信用,致使出口企业完全陷于被动地位。因此,出口企业应该认真缮制单据,仔细预审单据,尽量将问题解决在货物出运之前。

(3)对结汇单据的要求。

在信用证方式下,能安全、及时收汇的关键是出口企业提交的各种单据必须与信用证的规定一致,单据间也不得有矛盾之处,这就是银行审单时所遵循的"严格符合原则"。

知识拓展

1.出口业务涉及的单证如图4-3所示。

图4-3

2. 主要货运单证如表4-1所示。

表 4-1

单证名称	制作人	制作时间	制作依据	用途
托运单（Booking Note, B/N）	托运人（或货代）	托运货物之前	合同条款或信用证条款	订舱
装货单（又称关单、下货单）（Shipping Order, S/O）	托运人或货代制作，由承运人或船代签发	装船之前	托运单和船舶的配载情况	确定承运，用以报关通知装船的命令
装货清单（Loading List, LfL）	承运人或船代	装船之前	装货单留底	供大副编制积载图，供理货员理货，供港口安排驳运和货物进出库，供承运人掌握备装情况
积载图（Stowage Plan）	大副和船代	船到港前先由船代绘制草图，船到港装货后再由大副与船代正式制备积载图	装货清单	安排泊位、出舱、下驳、搬运、保管、装船、卸船必须查阅的资料
收货单，又称大副收据（Mate's Receipt, M/R）	托运人制作	货物装船之后由大副签发	收货的实际情况	收到货物的凭证，用以划分船、货双方的责任并凭此换取正式提单
卸货清单（舱单）（Manifest, M/F）	承运人或船代	货物装船后	收货单或提单	供海关对货船进出境进行监管的单证，也是卸货港船代安排泊位、卸货的依据
货物溢短单（Over Landed & Short Landed Cargo List），货物残损单（Broken & Damaged List）	理货组长与大副共同签署	货物卸船之后	货物溢/短单根据舱单、货运单据、理货单及理货日报单制作；货物残损单根据理货员现场记录	处理溢、短、残纠纷时划分船、货双方之间责任的依据
场站收据（Dock Receipt）	发货人或其货运代理人缮制	托运货物之前及装运过程中	略	集装箱运输五联单，第一联：集装箱货物托运单，船代留底。第二联：装货场场站收据副本。第三联：场站收据副本大副联。第四联：场站收据。第五联：装箱理货留底发货人或其货运代理人缮制

3. 提单流程如图4-4所示。

图 4-4

4. 出口货物的类别和报关程序的关系

不同种类出口货物报关程序如表4-2所示。

表4-2

货物的类别	前期阶段	出境阶段	后续阶段
一般出口货物	无	申报、查验、征费、放行	无
保税出口货物	备案、申领手册	申报、查验、征费、放行、核销、结关	备案、申领手册
特定减免税货物	备案、申领证明	申报、查验、征费、放行	解除监管、结关
暂准出口货物	备案、申领证明	申报、查验、征费、放行	解除监管、销案

5. 出口货物电子通关流程如图4-5所示。

图4-5

6. 出口业务中的风险及其防范

(1)出口商信用证业务中的风险及其防范如表4-3所示。

表 4-3

风 险		防 范
合同、单据与信用证不符	单据与L/C不符	①L/C不能要求受益人不能取得的单据,不能要求遵守不能从单据表面确定的条件,不能要求开立开证行不知道的单据。②出口方要求开立背对背L/C是为了转售他人货物,从中牟利,它是可以不经原L/C开证人的同意即可开出的,原开证行对此不负责任
	买方不按期开证或不开证	①签订进出口合同时,明确规定买方开出L/C的最迟日期,如果买方未做到,可诉其违约。②催促买方开证
	买方故意设置障碍	受益人应仔细对L/C内容进行检查和逻辑分析
	L/C要求不易取得的单据,如:某特定人签字的单据	及时要求买方通过银行修改,取消有关词句
	L/C条款与买方本土法律规定不一致	预防在先,了解在先,应删除有关条款
	L/C与合同不一致	尽早向客户指明不符条款,令其修改L/C
买方蓄意诈骗	假冒或伪造印鉴	认真审核邮戳,L/C限制通知行,在银行年签上进行核查,要求手签
	伪造L/C	由专业银行审查
	涂改L/C	通过可靠机构如当地银行查询
	伪造保兑L/C	第一时间与开证行和保兑行联系
	伪造L/C修改书	核对修改书密押与原证是否一致。若不一致,迅速查询开证行进行确认
	假客检证书	拒绝来证中含有检验证书由申请人代表签署的"软条款"。即使接受,也要拒绝来证中要求一份正本提单交给申请人
软条款陷阱	恶意的买方企图以文字方式更改L/C的性质	认真核查,如发现,应立即停止履行
	我出口方贸然接受对方不合理要求	切忌急于求成
	买方代表为检验人	此条款出口方一般不接受。为了成交,可同意买方代表参与检验,但不能将此作为L/C条款
	非单据条款	为避免非单据化条款的出现,受益人在收到了包含非单据条款的L/C时,如方便出单,应尽量按照L/C要求出具。否则,应及时与开证申请人联系,尽量使L/C单据化,或者干脆要求删除该条款

续表

风　险		防　范
其他	利用对开 L/C 诈骗	对远期 L/C 的利弊要有清醒的认识、要重视对客户资信的调查、对交易中可能出现的最不利情形要有充分的预测和准备
	可转让 L/C 风险:第二受益人得不到支付,钱货两空,供货商无权要求开证行付款,转让行不承担对供货商绝对付款义务,供货商收款权利依附于中间商而存在	加强自身保护,努力为自己争取到有利的交易地位,不采用可转让 L/C
	"正本提单径寄开证人"	①认真签订合同,注意合同条款的正确与完备,并在合同中特别约定:接受"正本提单径寄开证人"条款的 L/C,但开证申请人不得以受益人议付的单据有不符点为由拒绝向开证行付款。②收证后认真审证。③按时按质备货、发运并正点出单。④在接受"正本提单径寄开证人"条款的同时,必须要求 L/C 明确规定将提单条款中的收货人做成"凭开证银行指示"的抬头。⑤代理出口情况下,应注意征求委托方的意见,应注意向银行交单议付后暂不办理出口押汇,不能向委托方提前垫付货款。⑥按要求及时交单、寄单,并密切关注单证流转相关部门及客户状况,与通知行、议付行密切配合

(2)货物运输中的风险及其防范如表 4-4 所示。

表 4-4

时　间	风　险	防　范
租船订舱中	①港口拥挤导致滞期 ②卖方对卸货进程无法掌控 ③进出口合同与租船合同对卸货时间理解不一	①合理确定港口 ②在合同中附加有关滞期费负担的特别条款
提单中	①提单类型选择不当 ②无提单提货	①通过一些法律制度或成立一些专门机构来形成一套防范机制进行宏观层面上的管理 ②选择资信良好的船公司 ③做好交易伙伴的资信调查 ④积极做好投保工作 ⑤重视单据

(3)出口货物投保中的风险及其防范如表 4-5 所示。

表 4-5

风　险	防　范
①未能及时办理保险 ②险种选择不当造成被保险货物出险后保险 ③公司拒绝赔偿或造成保险费用的增加 ④申报不真实导致保险合同无效	①依据货物的性质、特点、包装,依据货物的运输方式、路线及港口的情况,依据国际形势变化等选择适当的险别 ②及时办理投保手续,支付保险费 ③如实填写投保单,并保证与合同、信用证相一致

（4）出口货物报检中的风险及其防范如表4-6所示。

表4-6

风　险	防　范
检验标准风险： ①合同规定的标准与检验标准相矛盾,致使买卖双方对合同标的标准产生不同理解 ②忽略合同约定的检验标准,导致交付货物经进口方复验不符合合同要求 ③不了解进口方有关商品检验标准具体规定,导致交付不符货物	①合理并明确地约定合同条款 ②重视合同中关于检验标准的约定 ③了解进口方有关商品检验标准的具体规定
检验报告风险： ①未将商品及时交规定的检验机构进行检验检疫 ②检验机构出具的检验报告与合同或信用证规定不符 ③检验证书过期 ④检验证书与事实不符	①属法定或合同要求检验检疫的商品,一定要及时进行检验检疫 ②检验必须由双方在合同中约定的商检机构进行,商检证书应由该机构出具 ③报检员严格按照合同或信用证规定填表和申报 ④在检验检疫证中规定的有效期内发运货物 ⑤商检机构应切实履行职责

（5）出口货物通关中的风险及其防范如表4-7所示。

表4-7

风　险	防　范
①未按时申报 ②证件未能及时备齐 ③报关单填写不规范、不准确 ④逾期交纳出口税费	①在海关规定的申报时限和申报地点如实进行申报 ②及时备妥报关单证 ③准确填写出口货物报关单 ④在规定的时限内交纳税费 ⑤特殊情况下向海关申请担保放行

（6）议付过程中的风险及其防范如表4-8所示。

表4-8

风　险	防　范
①L/C含有"软条款" ②L/C含有"陷阱条款" ③客商信誉不良 ④进口方伪造L/C修改书	①删除不利的L/C条款 ②单证核对、单单核对 ③在规定的时限内交单 ④任何改证都由开证行授权 ⑤及时索取提单并查询提单信息的真实性

模拟操作

1.阅读下列背景材料

2017年1月28日,浙江名苑进出口有限公司外贸业务员许月收到英国客户 Owen Foods

Inc.经理欧文先生的电子邮件,欲购3 600 箱 5 年绍兴加饭酒(Shaoxing Rice Wine,见右图),酒精度为15%,每箱12瓶,每瓶750毫升,采用即期付款信用证,要求报FOB上海美元价。

许月立即通知供应商——浙江福越绍兴酒有限公司销售部杨经理报价,次日收到其报价如下:含税价234.00 元/箱,1 个月内交货,增值税率为17%;每720 箱装 1 个 20′FCL;交货时付款;工厂交货。

2.许月完成了下列工作任务

(1)出口报价核算和发盘。

1 月 29 日的美元牌价按 1 美元＝6.23 ~ 6.25 元人民币计,该酒的海关监管证件代码AB,出口退税率为15%,国内费用为采购成本的3%,预期出口成本利润率为15%(按采购成本计算)。许月核算FOB上海的出口报价是39.51(美元/箱),1 月 29 日,外贸业务员许月根据欧文经理电子邮件内容、出口报价核算结果等信息,在下列方框内给欧文经理用英文书写发盘函。

支付:30%合同金额在合同签订后15 日内电汇支付,余款凭即期付款信用证支付。

交货:收到信用证后45 日内交货。

发盘的有效期:2017 年 2 月 10 日前到有效。

(2)接受与签订出口合同业务操作。

通过几次磋商,2017 年 2 月 16 日浙江名苑进出口有限公司与浙江福越绍兴酒有限公司按229.32 元/箱的价格达成协议;与 Owen Foods Inc. 最终达成如下条款,签订号码为 MY 201702015 出口合同。

①单价:36.00 美元/箱,FOB 中国上海港,依据 INCOTERMS ® 2010。

②数量:3 600 箱。

③支付:20%合同金额在 2017 年 3 月 1 日前电汇支付,余款采用即期议付信用证支付。信用证要求在 2017 年 3 月 1 日前开到卖方,如果信用证晚到,卖方对延误装运不承担责任,并有权取消合同和索赔损失。

④运输:1 440 箱在 2017 年 4 月交货,2 160 箱在 2017 年 5 月交货;从中国上海港海运至英国费利克斯托港,允许转运。

⑤单据:A.手签发票一式三份;B.装箱单一式三份;C.全套清洁已装船海运提单,以开证行指定人为收货人,标注"运费到付",通知买方;D.普惠制产地证格式 A。

⑥其他:允许数量和金额1%以内的增减。

3.请你以许月的身份根据前面的背景资料,回答相关问题

2017 年 2 月 25 日,外贸业务员许月收到英国 Owen Foods Inc. 电汇过来的 25 920 美元预付款。并于 2 月 26 日收到中国银行浙江省分行国际业务部的信用证通知函,告知 Owen Foods Inc. 已经通过中国银行伦敦分行(Bank of China, London)开来信用证。信用证内容如下。

MT 700		ISSUE OF A DOCUMENTARY CREDIT
SEQUENCE OF TOTAL	27:	1/1
FORM OF DOC. CREDIT	40A:	IRREVOCABLE
DOC. CREDIT NUMBER	20:	BOCL2017000135
DATE OF ISSUE	31C:	170226
APPLICABLE RULES	40E:	UCP LATEST VERSION
DATE AND PLACE OF EXPIRY	31D:	DATE 170531 PLACE IN U. K.
APPLICANT	50:	OWEN FOODS INC.
		NO. 66 UNION ST., LUTON LU, 3AN, U. K.
BENEFICIARY	59:	ZHEJIANG MINGYUAN I/E CO., LTD.
		NO. 27 JINGJI RD., HANGZHOU, P. R. CHINA
AMOUNT	32B:	CURRENCY USD AMOUNT 129 600. 00
AVAILABLE WITH/BY	41D:	ANY BANK IN CHINA,
		BY NEGOTIATION
DRAFTS AT...	42C:	60 DAYS AFTER SIGHT
DRAWEE	42A:	BANK OF CHINA, LONDON
TRANSSHIPMENT	43T:	PROHIBITED
PORT OF LOADING/ AIRPORT OF DEPARTURE	44E:	SHANGHAI, CHINA
PORT OF DISCHARGE	44F:	FELIXSTOWE, U. K.
SHIPMENT PERIOD	44D:	2160CTNS OF SHAOXING RICE WINE SHIPPED IN APRIL 2017; 1440CTNS OF SHAOXING RICE WINE SHIPPED IN MAY 2017
DESCRIPTION OF GOODS AND/OR SERVICES	45A:	3600CTNS OF SHAOXING RICE WINE, ALCOHOL CONTENT: 15 PERCENT, 12BTLS/CTN, 500 ML/BTL, AT USD 36. 00/ CTN, FOB SHANGHAI, CHINA AS PER INCOTERMS ® 2010
DOCUMENTS REQUIRED	46A:	+SIGNED IN INK INVOICE IN TRIPLICATE +FULL SET OF CLEAN ON BOARD OCEAN BILL OF LADING MARKED "FREIGHT PREPAID" MADE OUT TO APPLICANT NOTIFYING THE APPLICANT +PACKING LIST IN TRIPLICATE +THE CERTIFICATE OF ORIGIN CERTIFIED BY C. C. P. I. T.
ADDITIONAL CONDITION	47A:	+ ALL DOCUMENTS MUST INDICATE THE NUMBER OF THIS CREDIT + ALL PRESENTATIONS CONTAINING DISCREPANCIES WILL ATTRACT A DISCREPANCY FEE OF USD 50. 00 PLUS TELEX COSTS OR OTHER CURRENCY EQUIVALENT. THIS CHARGE WILL BE DEDUCTED FROM THE BILL AMOUNT WHETHER OR NOT WE ELECT TO CONSULT THE APPLI-CANT FOR A WAIVER

PERIOD FOR PRESENTATION	48：	WITHIN 5 DAYS AFTER THE DATE OF SHIPMENT, BUT WITHIN THE VALIDITY OF THIS CREDIT
CHARGES	71B：	ALL CHARGES OUT OF ISSUING BANK ARE FOR ACCOUNT OF BENEFICIARY.
CONFIRMATION INSTRUCTION	49：	WITHOUT
INFORMATION TO PRESENTING BANK	78：	ALL DOCUMENTS ARE TO BE REMITTED IN ONE LOT BY COURIER TO BANK OF CHINA, LONDON, 90 CANNON STREET, LONDON EC4N 6HA, U. K.

①以外贸业务员许月的身份,根据签订的出口合同条款,审核以上信用证,找出问题条款,并针对问题条款提出改证意见。

②以外贸业务员许月的身份,根据以上审证结果,给欧文经理用英文书写改证函。

③浙江名苑进出口有限公司在出口绍兴加饭酒前是否需要办理报检,为什么?

项目5 出口业务善后

【工作情景】

在收到信用证修改通知后,姚石于5月9日向船公司订舱,填制出口货物订舱委托书、商业发票和装箱单,接着在订妥舱位收到配舱回单后于5月12日向海关办理了货物的申报出口手续。5月15日向保险公司办理了投保手续。出口货物在海关验讫放行后,即办理了货物的装运手续并同时向进口商发出了货物装运的通知。随后办理了交单议付。至此,该笔交易已安全收汇。

【任务布置】

1. 办理出口退税

5月20日公司查询到了海关总署向国家税务总局传输的出口报关单结关信息电子数据。同一天,公司又收到银行的收汇水单。请办理出口退税手续。

2. 善后函

请根据开证银行的反馈信息,给国外客户发一封善后函。

3. 业务报告

请撰写业务总结报告。

【操作提示】

当出口方提交整套装运单据或进口方付款赎单提货后,业务就进入了善后阶段。如果买方或开证行对单据没有提出异议,说明出口方已得到买方或开证行的付款保证。进口方在目的港提取货物后,本笔交易即顺利完成。但如果买方认为货物与单证不一致,就会向卖方申诉或索赔。无论是何种情况,为了今后的业务发展,买卖双方做好业务善后都是十分必要的,比如给对方发个邮件、总结经验、吸取教训、增进友谊,或相互配合、做好应变工作,共同把损失降至最低点等。

【课前学习任务】

任务5.1 顺利结汇后的业务善后

1. 办理外汇核销

持单位介绍信、外汇核销申请书、"工商营业执照"副本及复印件、"进出口许可证"正本及复印件、"企业法人代码证书"及复印件、"海关注册登记证"复印件以及出口合同复印件到注册地所在外汇管理局办理外汇核销。

2. 办理出口退税

结关后由海关直接签发结关信息给国税总局,企业在中国电子口岸出口退税中用"数据查询"→"结关状态查询"功能查询报关单结关状态,查到结关即可进行退税。税务部门参考外汇局提供的企业出口收汇信息和分类情况,依据相关规定,审核企业出口退税。

3. 向对方寄送善后函

当买方或开证行接受单据后,向对方寄送善后函以感谢对方的努力,对增进双方的了解表示高兴并展望未来,希望能继续扩大合作,收到更多的订单,同时借此推荐新产品。

任务 5.2　遭到拒付后的业务善后

在业务中,遭到买方或开证行拒付是经常遇到的事情。遇到此类问题时应首先与进口商联系,弄清每一笔拒付的背景情况,对症下药。善后函的语气应当诚恳、委婉,并且具有说服力,以赢得买方的谅解。重要的是应当强调单证不符的地方是细微的,并不影响货物的品质,不会给进口方的利益造成损害。当然,有时作出一些具体的让步(如适当减价),也是必要和明智的。

任务 5.3　买方违约后的业务善后

在出口合同履行过程中,如因买方违约致使卖方遭受损失,卖方可根据不同对象、不同原因以及损失程度实事求是地向买方提出索赔。如因卖方违约引起买方索赔的情况,则应仔细地审核买方提供的单证和出证机构的合法性,作好品质、包装、储存、备货、运输等各个环节的调查研究,把单证材料和实际情况结合起来,查清货物损失的环节、原因,分清责任,合理确定损失程度、金额和赔付办法。

无论货物是否投保,损失原因怎样,都应先向承运人索偿。如果不是船方原因,他会拒绝偿付,这时再向保险人索偿。保险公司在处理索赔时,一般都要求提供投保人与承运人的往来函件副本作为支持索赔的文件。

任务 5.4　撰写出口业务总结报告

为有利于业务的顺利展开,应对整笔业务过程的经验与教训进行总结,整理所有相关文件并归类存档。

【课上操作任务】

善后函

Dear sirs,

We are pleased to inform you that we have dispatched, by s. s Jiefang V301 to Vancouver, B. C., the goods under our S/C NO. LX-LESSC10, and trust that the high-quality shipment must have reached you by now. Recalling from the happy memory when we both decided to establish a prospect business relationship, we have to admit that it is a pleasure to go into business with you. We appreciate the efforts you have made in introducing our commodities into your market. The development of trade will be of great help to enhance the friendship between the people of our two countries. We sincerely hope that the high-grade goods will suit the need of your locality very well, and that this successful execution of your first order will lead to more business in future.

And we feel depressed and regrettable when we have received your bank's notification of dishonor. We are informed that there are several trivial discrepancies which are mainly made by the neglect of us. You might refer to your bank over that. We feel sorry for having caused so much inconvenience to you. Therefore could you inform your bank to accept the above-mentioned discrepancies and reimburse to us the amount of the shipped goods? We would be greatly appreciated that you could help us immediately. As to the quality of the goods, we take our honor to assure you that they are all in an excellent state.

Thank you for your kind cooperation and we avail ourselves of this opportunity to assure you of our prompt and careful attention in handling your future orders.

Best regards!

×××(signature)

Manager

知识链接

1. 有关出口收汇核销

(1)出口收汇核销的基本含义。

为监督出口企业能够按时、准确结汇,我国自 1991 年 1 月 1 日起实施出口收汇核销制度。它是国家加强出口收汇管理、确保国家外汇收入、防止外汇流失,指定外汇管理部门对出口企业贸易的外汇收入情况进行监督检查的一种制度。该制度下的重要单据是出口收汇核销单。

(2)出口收汇核销单。

出口收汇核销单(以下简称核销单)是指由国家外汇管理局(以下简称外汇局)制发、出口单位凭此向海关出口报关、向外汇指定银行(以下简称银行)办理出口收汇、向外汇局办理出口收汇核销、向税务机关办理出口退税申报的有统一编号及使用期限的凭证。出口收汇核销单的常用形式如表 5-1 所示。

表 5-1

出口收汇核销单 存根 编号：	（出口单位盖章）	出口收汇核销单 监制章 编号：					（出口单位盖章）	出口收汇核销单 出口退税专用 编号：			未经核销此联不得撕开
出口单位:(1)		出口单位:(1)						出口单位:(1)			
单位编码：		单位编码：						单位编码：			
出口币种总价:(2)		银行签注栏	类别	币种金额	日期	盖章		货物名称	数量	币种总价	
收汇方式： (3)											
预计收款日期： (4)				(10)					(7)		
报关日期： (5)											
备注:(6)		海关签注栏　(9)						报关单编号:(8)			
此单报关有效期截 至　　年　月　日		外汇局签注栏 　年　　月　　日(盖章)						外汇局签注栏 　年　　月　　日(盖章)			

　　核销单分存根、正文、出口退税专用三联。出口企业应按照栏目要求如实正确填写。核销单存根的内容应根据出口报关单及发票内容填制,且在货物发运和报关后交回当地外汇管理部门留存。

　　①出口单位、单位编码:三联都由出口商填写出口单位全称和外汇管理部门所给十位数代码,并在骑缝处加盖公章。委托报关时填委托单位名称;委托出口并以代理出口单位名义签订出口合同并负责收汇时,填代理出口单位名称;两个或两个以上单位联合出口时,填负责报关的出口单位的名称。

　　②出口币种总价:填写货币种类和数额。

　　③收汇方式:按合同要求从信用证、托收、汇付 3 种收汇方式中选填一种,并列明即期或远期(如为远期收汇),还须列明相应的远期收汇天数;如为分期付款,则须列明每次付款日期和付款金额。

　　④预计收款日期:应根据合同规定的付款日期或合同推算的付款日期填写。

　　A. 即期 L/C(或托收)项下的货物,属近洋的从寄单日起按 25 天结算,属远洋的从寄单日起 35 天计算;B. 远期 L/C(或托收)项下的货物,属近洋的从汇票规定付款日期起按 35 天结算,属远洋的按 45 天结算;C. 如为分期付款,应列明每次收款日期及金额;D. 寄售项下的最迟收款日期不得超过自报关之日起 360 天;E. 自寄单据项下的出口货款,须自报关之日起 50 天内结汇或收账。

⑤报关日期:采用年月日顺序填写报关时间,填海关放行日期。

⑥报关单位备注:如委托出口使用代理出口单位的核销单时,代理出口单位须在此栏注明委托单位的名称和地址,并加盖代理单位公章。

如两个或两个以上单位联合出口时,应由报关单位在此栏加注联合出口单位名称地址和各单位的出口金额,并加盖报关单位公章。

填写出口货物的发票编号、合同号等核销过程中须附加说明的内容。原出口商品调整或部分退货、部分更换的,还应填写原出口商品核销单的编号等情况。

⑦货物名称、数量、币种总价,均按报关单相关内容填写。

⑧报关单编号:对应报关单的号码。

⑨—⑪项分别由海关、银行、外汇局签注,企业无须填写。

(3)出口收汇核销的范围。

并不是所有的出口货物都需要核销。根据货物实际出口情况不同,以某些贸易方式下出口报关时实际货物并未出口,也未发生外汇交易的情况,如"来料以产顶进"(代码 0243)"加工设备结转"(代码 0456)等贸易方式,出口单位就不需办理出口核销手续。

对于一般贸易、易货贸易、租赁、寄售、展卖等出口贸易方式,如"一般贸易"(代码 0110)"来料加工"(代码 0214)等,只要涉及出口收汇都必须进行出口收汇核销。自 2012 年 8 月 1 日起在全国范围内实施货物贸易外汇管理制度改革,简化贸易进出口收付汇业务办理手续和程序。外汇局取消货物贸易外汇收支的逐笔核销,改为对企业货物流、资金流实施非现场总量核查,并对企业实行动态监测和分类管理。银行为企业办理收付汇的单证和流程均大幅简化。

(4)出口收汇核销的基本流程。

出口收汇核销办法适用于一切出口贸易方式项下的收汇(包括易货贸易和补偿贸易等),同时也适用于任何收汇方式。现以委托银行收款方式为例,介绍有关出口收汇核销的程序,如图 5-1 所示。

图 5-1

2.有关出口退税

(1)出口退税的基本含义。

出口退税,就是将出口货物在国内生产和流通过程中缴纳的间接税退还给出口企业,使出口商品以不含税的价格进入国际市场。我国出口退税退的是出口商品在国内已经缴纳的增值税和消费税。目前,我国出口货物退税办法包括"先征后退"和"免、抵、退"。生产企业自营出口或委托代理出口的货物,一律先按照增值税暂行条例规定的征税率征税,然后由主管出口退税业务的税务机关在国家出口退税计划内按规定的退税率审批退税。

出口企业一般都设有财会部门或专人负责办理出口退税事宜。

货物出口结关后,海关将数据传输到电子口岸,出口单位可进行数据报送操作,出口单位申请出口退税时,数据报送到退税系统后及时进行申报,审核通过后向国家税务机关提交银行出具的结汇水单、出口货物报关单、出口销售发票,经国家税务机关审核无误,退还有关税款。

(2)出口退税的范围。

准予退(免)税的出口货物,除另有规定外,必须同时具备以下4个条件:

①必须是增值税和消费税征收范围内的货物。

②必须是报关离境出口的货物。

③必须是在财务上作出口销售处理的货物。

④必须是已收汇并经核销的货物。

(3)出口退税的基本流程如图5-2所示。

图 5-2

①出口企业从生产商、供货商处购进商品,取得出口购货发票、增值税专用发票。

②生产商或供货商所在地的税务机关开具出口货物专用缴款书,并交出口企业。

③出口企业将货物报关出口,取得出口货物报关单。

④出口企业收取国外支付货款,取得银行出具的结汇水单或收账通知。

⑤出口企业按规定向外汇管理部门办理出口收汇核销手续,取得外汇管理部门盖章的出口收汇核销单(出口退税专用联)。

⑥出口企业填写出口退税申报表,汇集退税单据凭证按月报请税务机关、外贸主管部门批准退还或免征有关税款。

⑦外贸主管部门稽核、税务机关部门审核无误将应退税款退给出口企业。

知识拓展

我国对核销单的管理

我国对核销单的管理比较严格,体现在以下 3 点:

1. 核销单具有有效期。

核销单自领单之日起两个月以内报关有效,自报关之日起 60 日内办理送交核销单存根手续。此外,出口单位应当在收到外汇之日起 30 日内,凭出口收汇核销单及其他规定的单据,到外汇局办理出口收汇核销手续。

2. 对核销单的使用监控严格。

出口单位从外管局申领的每一份核销单最后都要送交回外汇局,对于错填作废的核销单也要退回外汇局注销;对于未在有效期内使用的核销单,出口单位应当在失效之日起一个月内将未用的核销单退回外汇局注销。如果出口单位将核销单丢失,必须立即向发放核销单的外汇管理部门报告所丢失的核销单编号,并通过报纸声明该核销单即行作废。核销单遗失需要补办的,应由出口单位在遗失核销单后 15 日之内向外汇局书面说明情况(加盖公章、法人签字),申请挂失,外汇局核实后,统一登报声明作废。

3. 核销单与其他单证的收汇金额相符方能核销。

出口单位在向当地外汇管理部门办理核销时,如报关单金额和收汇金额存在差额,须提供有关证明。

模拟操作

请撰写外贸业务员姚石出口雪地靴到加拿大的业务总结报告。

B2B 进口贸易篇

项目6 进口合同磋商、订立和履行

【工作情景】

　　近日,姚石所在公司根据市场行情和生产需要,计划拿出1 140 000.00元的总预算购买2台新的意大利产的GGG牌剑杆织机Rapier Loom(不用国际招投标),现该公司指派外贸业务员姚石向该品牌亚洲总代理香港ITMM Ltd.进口,并要求其报价。

　　双方反复洽谈后,达成一致意见,ITMM Ltd.向湖南华兴进出口有限公司开出形式发票,作为办理进口许可证的材料,然后与其签订购货确认书。

【任务布置】

1. 核算进口总成本。

2. 申请签发"进口许可证"。

3. 拟订"进货合同书"。

4. 信用证操作:申请开证、改证。

5. 订舱、投保。

6. 审单承兑。

7. 办理借单手续。

8. 办理入境货物报检手续。

9. 办理外汇核销手续。

10. 撰写业务总结报告。

【课前学习任务】

1. 申报进口与开立和修改 L/C

1)申请进口

由订货单位向发证机关提交"进口许可证申请函",申请函内容包括进口商品名称、规格、数量、单价、总金额,以及我方对外成交单位、进口国别、外汇来源、贸易方式、到货口岸、申请单位名称等项目。

2)审核、填表

发证机关收到上述申请以及有关资料后,经审核符合有关规定的,即发给申请单位"中华人民共和国进口许可证申请表",申请单位按要求如实填写并加盖公章。

3）发证

发证机关对申请表审核通过后，申请单位就可获得由发证机关签发的进口货物许可证。申请单位在领到许可证后就能对外订货，并凭其向海关办理货物进口报关手续并向银行付汇。

4）开立和修改 L/C

进口企业应按照合同规定的时间和条件适时开立信用证。进口申请人缮制开证申请书，送交开证银行。

信用证开出后，受益人（出口方）或开证申请人（进口方）经常会因情况发生变化或其他原因而要求对信用证进行修改。

2. 租船订舱、催装与派船接货

1）租船订舱

履行 FOB 贸易术语达成的进口合同，进口企业要负责办理租船或订舱事宜。进口企业既可以亲自向船东或班轮公司订舱，也可以委托货运代理代其办理。

在我国，这项工作通常是委托货运代理公司办理。其具体程序是进口企业在接到卖方备货通知后（在合同未规定卖方发出备货通知的情况下，则在交货期前 45 日）填写好进口订舱联系单，连同合同副本提交给货运代理公司委托其安排船只或舱位。

2）催装

船舶或舱位订妥后，进口企业或其代理还需做好催装工作。在进口业务中，有时出口供货商会因生产成本上涨或国际市场价格上扬无法按期安排生产等原因，使我方不能按期提交合格的货物。为了防止此类情况的发生，进口企业除在合同中争取订立迟交罚金等约束性条款外，还必须随时了解和掌握对方备货和装船前的准备工作的情况，督促对方按期装运。在交货期前的一定时间，通常是 45 日左右即向对方发出"催装通知"。

3）派船接货

买方在接到货运代理公司舱位已安排妥当的通知后，应及时向发货人（卖方）发出"派船通知"，将船名、预计到达日期、拟装载的质量（数量）、到达的港口、船舶的国籍等以电报方式通知卖方，以便卖方作好准备。

3. 投保货运险与审单付款

1）投保货运险

采用 FOB 或 CFR 价格条件成交的进口合同，货物装船后出口方应及时向进口方发出"装船通知"，以便进口方办理货运保险及作好接货准备。

2）审单付款

银行收到国外寄来的汇票及单据后，对照信用证的规定，审查、核对单据的份数和内容。在审核无误后，对外进行付款或承兑。

4. 进口报检与报关

1）进口报检

进口商品的收货人或其代理根据国家有关法律、行政法规的规定或业务需要，在规定的地点和期限内向商检机构或商检机构指定的检验机构申请办理进口检验或检疫。

根据监管要求和手续复杂程度的不同，国家对进口商品的报验主要分为强制性产品认证（3C 认证）和一般商检两种。

进口报验一般有两种情况：一种为法定检验商品的报验，对于法定检验的进口货物，必须向到达地的商品检验检疫机构报验，未经检验的货物不准投产、销售和使用；另一种为进口合同规定货物卸船后若发现有残损或缺量，需经商检局出具证书向国外责任方索赔的报验。这种报验也可称为索赔报验。

进口商品按如下程序进行报验：

申报检验 → 商检机构检验 → 商检机构出具合格证书

2）报关

收货人或其代理向海关申报进口手续和缴纳进口税，海关根据报关人的申报依法进行验关。海关经查验无误后才能放行。通常情况下，进口报关程序分为申报、查验、纳税及放行 4 步。

5. 拨交货物

无论是进口企业自营进口还是代理进口，货物在港口卸货并经海关查验放行后都需办理货物拨交手续。拨交方法有两种：一种是在口岸拨交；另一种是用货单位在目的地拨交。如果用货单位不在卸货地区，则委托货运代理将货物运至用货单位所在地拨交。至于进口货物的有关税费，进口企业应先与货运代理结算后，再向用货单位办理结算手续。

【课上操作任务】

1. 核算进口总成本

2017 年 3 月 25 日，该公司收到 ITMM Ltd. 报价如下：单价为 40 000.00 欧元/套 FOB Genoa，Italy，收到信用证后 30 天内装运，按远期信用证支付。剑杆织机的 H. S. 编码为 8446302000，监管证件代码为 AO，进口关税税率为 8%，进口环节增值税税率为 17%，国外运费为 2 000 欧元，国外保费为 200 欧元，港区费用 2 000 元（人民币），内陆运输费 4 000 元人民币，银行费用按开证金额 0.15% 计，其他费用合计 2 000 元（人民币），欧元牌价为 1 欧元 = 10.90 ~ 11.00 元（人民币）。

如果接受 ITMM Ltd. 报价，业务员姚石需要计算购买这 2 台剑杆织机的总金额。该总金额是否在沈阳嘉豪纺织品织造有限公司的采购预算之内。

计算过程如下：

①CIF＝FOB＋I＋F＝40 000＋(200＋2 000)÷2＝41 100(欧元/台)

②进口关税＝进口关税完税价格×进口关税率

　　　　＝CIF×进口关税率

　　　　＝41 100×8%＝3 288(欧元/台)

③进口增值税＝进口增值税完税价格×进口增值税率

　　　　＝(进口关税＋进口关税完税价格)×进口增值税率

　　　　＝(3 288＋41 100)×17%＝7 545.96(欧元/台)

④进口总开支＝进口价格＋国外保费＋国外运费＋进口关税＋进口增值税＋银行费用＋港区费用＋内陆运费＋其他费用

　　　　＝[40 000＋(200＋2 000)÷2＋3 288＋7 545.96＋40 000×0.15%]×11＋(2 000＋4 000＋2 000)÷2

　　　　＝571 933.56＋4 000＝575 933.56(元/台)＞570 000(元/台)(1 140 000÷2)

该总金额不在沈阳嘉豪纺织品织造有限公司的采购预算之内。

2. 申请签发"进口许可证"

中华人民共和国进口许可证申请表

1. 进口商： 湖南华兴进出口有限公司			3. 进口许可证号：		
2. 收货人： 湖南华兴进出口有限公司			4. 进口许可证有效截止日期： 　　　年　　　月　　　日		
5. 贸易方式： 一般贸易(0110)			8. 出口国(地区)： 意大利		
6. 外汇来源： 购汇			9. 原产地(地区)： 意大利		
7. 报关口岸： 广州黄埔港海关(5201)			10. 商品用途： 自用		
11. 商品名称：GGG 牌剑杆织机　　商品编码：8446302000					
12. 规格、等级	13. 单位	14. 数量	15. 单价 (EUR)	16. 总值 (EUR)	17. 总值 (EUR)
Rapier Loom	台	2	4 000	8 000.00	8 000.00
18. 总计		2		8 000.00	8 000.00
19. 领证人姓名(加公司盖章)：姚石 联系电话：0731-62485800 申请时间：2017 年 3 月 下次联系日期：			20. 签证机构审批(初审) 终审：		

中华人民共和国商务部监制　　第一联(正本)签证机构存档　第二联(副本)取证凭证

中华人民共和国进口货物许可证

1. 进口商： 湖南华兴进出口有限公司	3. 进口许可证号：
2. 收货人： 湖南华兴进出口有限公司	4. 进口许可证有效截止日期： 　　年　　月　　日
5. 贸易方式： 一般贸易（0110）	8. 出口国（地区）： 意大利
6. 外汇来源： 购汇	9. 原产地（地区）： 意大利
7. 报关口岸： 广州黄埔港海关（5201）	10. 商品用途： 自用
11. Marks & numbers-number of packages	N/M

12. 商品名称：GGG 牌剑杆织机　　商品编码：8446302000

13. 规格、等级	14. 单位	15. 数量	16. 单价 （EUR）	17. 总值 （EUR）	18. 总值 （EUR）
Rapier Loom	台	2	4 000	8 000	8 000
19. 总计		2		8 000	8 000

20. 备注（Supplementary details）：	21. 发证机关盖章 Issuing authority's stamp signature： 发证日期（Date）： 2017 年 8 月 15 日

中华人民共和国商务部监制　　　　　　　　本证不得涂改，不得转让

3. 拟订"进货合同书"

湖南华兴进出口有限公司办理好进口许可证后，由姚石拟订进货合同，一式两份。

4. 申请开立"信用证"

合同签订后，姚石在合同规定的开证时间内及时向中国银行湖南省分行申请开立信用证，为此要填写"开证申请书"并缴纳开证费和保证金。

IRREVOCABLE DOCUMENTARY CREDIT APPLICATION

TO：BANK OF CHINA，HUNAN BRANCH　　　　　　　　DATE：AUG. 22nd，2017

(　) Issue by airmail (　) With brief advice by teletransmission (×) Issue by teletransmission (　) Issue by express	Credit No. Date and place of expiry OCT. 21，2017，HONG KONG

续表

Applicant HUNAN HUAXING IMPORT AND EXPORT CO., LTD. 58 Wuyi Road Changsha China		Beneficiary ITMM Ltd. ROOM 1019, TOWER 9, ENTERPRISE SQUARE, 9 SHEUNG YUET ROAD, KOWLOON BAY HONG KONG
Advising Bank BANK OF CHINA（HONG KONG）LIMITED		Amount EUR 8,000.00 SAY:U.S. DOLLARS EIGHT THOUSAND ONLY.
Partial shipments （　）allowed （×）not allowed	Transshipment （　）allowed （×）not allowed	Credit available with ANY BANK IN HONG KONG By（　）sight payment　　（　）acceptance 　（×）negotiation　　（　）deferred payment at against the documents detailed here in（×）and beneficiary's draft(s) for 100% of invoice value at 30 days after sight drawn on ISSUING BANK
Loading on board: Not later than: For transportation to:	MAIN PORT IN ITALY MAR. 31,2017 GUANGZHOU, CHINA	
（×）FOB（　）CFR（　）CIF（　）other terms		

Documents required:（marked with×）

1.（×）Commercial Invoice SIGNED in ___3___ copies indicating L/C NO. AND CONTACT NO.

2.（×）Full set of clean on board Bills of Lading made out to order and blank endorsed, marked "freight [　　]
　　to collect/ [×] prepaid" notifying APPLICANT.
　（　）Airway Bills/Cargo Receipts/Copy of Railway Bills issued by _____ showing "freight [　]to collect/
　　[　] prepaid" [　] indicating freight amount and consigned to _____

3.（×）Insurance Policy/Certificate in DUPLICATE for 110% of the invoice value showing claims payable in
　　China in the same currency of the draft, blank endorsed, covering ALL RISKS AND WAR RISKS

4.（×）Packing List/Weight Memo in ___3___ copies indicating _____

5.（×）Certificate of Quality in 1ORIGINAL issued by THE MANUFACTURER.

6.（×）Certificate of Quantity in 1ORIGINAL issued by THE MANUFACTURER.

7.（　）Certificate of ____ Origin in _____ issued by _____ .
　（×）Other documents, if any

+ A COPY OF THE FAX TO THE BUYER, ADVISING THE SHIPMENT WITHIN TWO WORKING DAYS
WHEN IT IS EFFECTED.

+MANUFACTURER'S DECLARATION ATTESTING THAT THE WOOD PACKING MATERIAL USED IN THE
SHIPMENT HAS BEEN HEAT TREATED AND MARKED IPPC OR MANUFACTURER'S DECLARATION OF
NON-WOOD PACKING MATERIAL.

Description of goods:
Rapier Loom, 2SETS, EUR 4,000/SET, FOB GENOA, INCOTERMS ® 2010

Additional instructions:

1.（×）All banking charges outside the opening bank are for beneficiary's account.

2.（×）Documents must be presented within ___21___ days after date of shipment but within the validity of
　　this credit

续表

3. ( ) Both quantity and credit amount ____ percent more or less are allowed	
( ) Other terms, if any	

STAMP OF APPLICANT:　　　　HUNAN HUAXING IMPORT AND EXPORT CO., LTD.

5. 办理改证手续

通知行收到信用证后进行审证,审核无误后寄至出口商。出口商依据贸易合同再次审证,发现有多处不符点或改证要求,可书写改证函向湖南华兴进出口有限公司提出改证要求。姚石对改证函的内容予以确认,于是向开证行提出改证要求,缴纳改证费,由中国银行湖南省分行开出信用证改证书,并通过 BANK OF CHINA（HONG KONG）LIMITED 交至 ITMM Ltd. 。

6. 办理订舱

姚石填写订舱委托书并随附相关单据委托湖南金友国际货代公司代办托运手续。订舱确认后,向出口商发出装船通知,让其作好装运货物的准备。当出口商按合同规定的装运时间发货后,持全套单据向 BANK OF CHINA（HONG KONG）LIMITED 进行议付。中国银行湖南省分行收到该笔业务的全套单据后交付湖南华兴进出口公司,由其审单,核准无误后进行承兑。由于付款时间未到,但货物已到达广州黄埔港,为了能及时出售,湖南华兴进出口公司向中国银行湖南省分行借单提货。与此同时,办理进口货物的报检、报关手续。

7. 办理投保手续

姚石发出装船通知后,2017 年 9 月 15 日及时向中国人民保险公司湖南分公司办理进口货物运输保险,根据购货合同保险条款有关内容的规定签订进口货物运输预约保险合同。出口商在装船后向保险公司发出装运通知,该批进口货物便自动被承保。

8. 办理审单承兑手续

中国银行湖南省分行收到 BANK OF CHINA（HONG KONG）LIMITED 该笔业务的全套议付单据后交付湖南华兴进出口有限公司审单。根据合同与信用证的内容进行审单,核准无误后进行承兑,承兑后将全套单据交还给中国银行湖南省分行。

9. 办理借单手续

湖南华兴进出口有限公司在办理完承兑手续后,虽然付款时间未到,但由于货物已到达广州港。为了能及时出售,湖南华兴进出口有限公司填写提货担保申请书向中国银行湖南省分行借单提货,并与中国银行湖南省分行签订担保提货保函,向 KILIN TRANSPORT COR-PORATION 船公司提货。

提货担保申请书

致:中国银行

信用证号:XUT17345　　　　发票金额:EUR 8 000.00　　　　开证日期:2017 年 08 月 22 日

船名:COSCOV861　　　　　提单号:EX060511

货名:Rapier Loom

数量:2 SETS

发票号码/唛头:N/M

以上有关货物之记载以正本提单为准。

　　兹因上述货物的正本提单未到,我公司特请贵行向 KILIN TRANSPORT CORPORATION 船公司签发"提货担保保函"以便我公司先行提货。为此,我公司已将上述货款全额存入在贵行的保证金专户,并保证如下:

　　①因按我公司要求提取贵行保函项下的货物而产生的任何性质的责任性损坏或损失,均由我公司负责赔偿,贵行无须为此承担任何责任。

　　②如因提取上述货物而引起对贵行的诉讼,我公司将随时提供足够的应诉费用,并保证无条件地承担由此而引起的一切责任和风险,赔偿贵行由此产生的一切直接和间接损失、前述责任、风险和费用包括但不限于赔偿责任、诉讼费用、律师费、进行诉讼的差旅费等。

　　③如果因此而使该船或属于该船东的其他船舶和财产遭到羁留或扣押,或是受到羁留和扣押威胁,我公司将负责获取保释或采取其他所需的安全措施使羁留或扣押不致发生,或把已被羁留或扣押的船只或财产保释出来。无论其羁留或扣押是否合法,由此产生的损失、损坏或费用均由我公司负责赔偿。

　　④在收到上述货物之单据时,无论其有无不符点,我公司放弃拒付的权利,贵行有权在规定时间内对外付款/承兑。

　　⑤一旦正本提单收到,我公司保证立即将其交给船公司以换回担保提货保函并交给贵行注销或由贵行直接交给船公司以换回担保提单保函注销。

签字:姚石

申请人(公章):湖南华兴进出口有限公司

担保货提保函

编号:06109988

致:

信用证号:XUT17345　　　　发票金额:EUR 8 000.00　　　　开证日期:2017 年 08 月 22 日

船名:COSCOV861　　　　　提单号:EX060511

货名:Rapier Loom

数量:2 SETS

发票号码/唛头:N/M

以上有关货物之记载以正本提单为准。

上述货物由 ITMN Ltd.（托运人）交上述船舶运输。由于货物的正本提单未到而又急于提货,我行特请求贵公司在未见正本提单的情况下将该批货物交付给湖南华兴进出口公司并保证如下:

①因我行要求交付货物而产生任何性质的损坏或损失,均由我行承担,贵公司无须承担任何责任。

②如交付上述货物而引起对贵公司的诉讼,我方将随时提供足够的应诉费用并保证无条件承担由此而产生的一切费用,包括但不限于赔偿责任、诉讼费用、律师费、进行诉讼的差旅费等。

③如果因此而使该船或属于该船东的其他船舶和财产遭到羁留或扣押,或是受到羁留和扣押威胁,我行负责获取保释或采取其他所需的安全措施使羁留或扣押不致发生,或把已被羁留或扣押的船只或财产保释出来,并负责赔偿由此产生的损失、损坏或费用。

④我行一旦获得上述货物的正本提单,立即交与贵公司并换回本保函,我行责任便告终止,或本保函出具后期满一年自动失效。

⑤如果贵公司对保函下的责任人中的任何一方首先提起诉讼,不管其是否为参与方或直接责任人,我行无条件承担责任。

⑥本保函适用中华人民共和国法律并接受中国海事法院管辖。

签字:姚石　　　　　　　　　　　　　　　　　　签字:马密

申请人(公章):湖南华兴进出口有限公司　　　　担保方盖章:

10. 办理入境货物报验手续

湖南华兴进出口有限公司办理好承兑借单手续后,根据我国出入境检验检疫有关法律规定及时办理入境货物报验手续,填写入境货物报验单,并随附进口合同、国外发票、提(运)单和装箱单等有关单证。由于 Rapier Loom 属于法定检验商品,须向中国出入境货物检验检疫局签发入境货物报验单。

姚石填写"入境货物报验单"(略)。

11. 办理进口货物报关手续

湖南华兴进出口有限公司办理好报检手续后,姚石根据外国发票、提单等有关内容填写进口货物报关单,在海关规定的时间内及时办理进口货物的报关。海关查验合格并征收进口关税后予以放行,湖南华兴进出口有限公司方可提货。

姚石填写"进口货物报关单"(略),并获海关盖章放行。

模拟操作

1. 完成下列操作

浙江玉新进出口有限公司（杭州市万城路 63 号）欲从日本 Tuka Machinery, Ltd.（No. 989-chome, Kitahama, Chuo-ku, Osaka 541-0063, Japan）进口电脑提花横编织机（Computerized Jacquard Flat Knitting Machine）,型号为 JF12,到中国杭州销售。2017 年 9 月 20 日,

双方经过多次磋商后，签订合同。单价为 50 000 美元/台，CIF 宁波港；数量为 4 台，装 1 个 40′FCL；电脑提花横编织机的 HSCODE 为 8447202000，海关监管证件代码为 A，进口关税税率为 8%，增值税税率为 17%。

经该公司外贸业务员毛骏查询，宁波港报关和集港费用为 3 000 元/40′FCL，由宁波到目的地杭州的运费为 3 000 元/40′FCL，其他费用为 6 000 元；当日美元汇率按 1 美元=6.37～6.39 元（人民币）计；预期国内销售价格为 444 600 元/台。计算该笔业务的预期销售利润率。（计算过程中的数值要保留到小数点后 3 位，最后结果保留到小数点后 2 位。）

2. 完成以下操作

2017 年 11 月 20 日晚，货物运到上海玩具进出口公司上海仓库。在对货物的掏箱入库作业中，张成发现货物外包装完好，但是所装电子手掌玩具（ELBCTRONPALM BAUBLE）R333H 货物少一箱（50 套），而 R666W 则多一箱。

①请你以公司业务员张成的身份，对对方错发货物事件进行妥善解决。

②请你以公司业务员张成的身份，撰写业务总结报告。

B2C 跨境电商篇

项目 7　跨境电子商务基础

【工作情景】

　　随着跨境电子商务,即跨境电商的飞速发展,外贸业务员姚石在掌握了传统的出口贸易和进口贸易流程中外贸业务员典型的工作任务后,开始学习跨境电商业务操作的基础知识。

【任务布置】

　　1.认识跨境电子商务。
　　2.跨境电子商务服务平台建设。
　　3.跨境电子商务的海关监管政策。
　　4.跨境电子商务职业岗位。

【课上学习任务】

任务 7.1　认识跨境电子商务

1.跨境电子商务的概念

　　跨境电子商务是指分属不同关境的交易主体,通过电子商务平台达成交易,进行支付结算,并通过跨境物流送达商品、完成交易的一种国际商业活动。

2.我国跨境电子商务的类别

　　按交易对象划分,我国跨境电子商务主要分为 3 种模式。

　　①外贸 B2B 模式:外贸企业与外贸企业之间的电子商务(Business to Business),是指企业运用电子商务平台发布信息,成交后发货基本在线下完成,本质上仍属传统贸易。虽然在线全流程的跨境贸易是未来的发展趋势,但在今后几年,外贸 B2B 仍将以信息撮合和信息化服务为主。

　　②外贸 B2C 模式:外贸企业与国外消费者之间的电子商务(Business to Customer),是指企业直接面对国外消费者,以销售个人消费品为主,物流方面主要采用航空小包、邮寄、快递等方式,其报关主体是邮政或快递公司,目前大多未纳入海关登记。

跨境网络零售模式可细分为两类:一类是电商企业建立独立的外贸 B2C 网站,如兰亭集势、大龙网、唯品会、当当、卓越等;另一类是电商企业入驻第三方外贸交易服务平台,在阿里速卖通、易趣、亚马逊等平台上销售商品。

③外贸 C2C 模式:国内消费者与国外消费者之间的电子商务(Customer to Customer),如淘宝、拍拍、易趣等。外贸 C2C 主要是个人在平台上开设网店。

3.跨境电子商务经营主体

电子商务出口经营主体分为 3 类:一是自建跨境电子商务销售平台的电子商务出口企业;二是利用第三方跨境电子商务平台开展电子商务出口的企业;三是为电子商务出口企业提供交易服务的跨境电子商务第三方平台。

任务 7.2　跨境电子商务服务平台建设

1.跨境电商通关服务平台：海关总揽全局

跨境电商通关服务平台,是一个为外贸企业进出口通关提供便利服务的系统平台,意在统一报关流程。该平台所上传的数据可直接对接海关总署内部系统,节省报关时间,提升通关效率。

在跨境电商通关服务平台上,货物通关采用"三单对比"的方式进行监管,"三单"指电商企业提供的报关单、支付企业提供的支付清单、物流企业提供的物流运单。"三单"数据确认无误后即可放行。通过企业数据与海关数据进行匹配,达到监管统计目的。

2.跨境电商公共服务平台：政府企业面对面

跨境电商公共服务平台具有双向性,一方面为各地政府的职能部门之间搭建公共信息平台,另一方面服务于外贸企业。

涉及国检(检验检疫)、国税(纳税退税)、外管局(支付结汇)、商委或外经贸委(企业备案、数据统计)等政府职能部门及银行结汇等。

与通关服务平台相比,地方性公共服务平台也普遍采用"三单对比"的方式进行监管,"三单"手续齐全并得到监管机构认可,才可享受正常的结汇退税政策。目前,此平台由各地政府自行建设,无全国统一版本。

3.跨境电商综合服务平台：新兴代理服务

跨境电商综合服务平台囊括了金融、通关、物流、退税、外汇等代理服务。跨境贸易链条长,操作环节多。综合服务平台的出现可以一站式地解决这部分人遇到的外贸问题,是真正服务于基层的平台。

综合服务平台一般由企业投资建设,应注意选择具有品牌公信力的大型跨境电商企业建设的平台。这些平台的功能更齐全,解决问题的能力更强,更重要的是服务更有保障,可以避免不必要的风险。

任务7.3　跨境电子商务海关监管政策

1. 跨境电子商务通关监管模式

为探索适合跨境电子商务发展的政策和监管措施,目前海关提出了一般出口、保税出口、直购进口和保税进口4种新型通关监管模式。

1)一般出口

通过线上信息平台进行试点企业备案、商品备案及全程信息管理,允许试点企业凭交易或物流清单先申报放行,月度汇总填写出口货物报关单向海关申报,凭汇总的月度出口报关单办理退税、结汇手续。海关根据企业管理类别实施分类通关。

2)保税出口

保税出口又称特殊区域出口,按"整进、散出、汇总申报"的模式进行。整进是指整批出口货物填写备案清单或出口货物报关单向海关申报进入园区。散出是指个人网购后填写清单向海关申报并由电商企业提供税款担保,海关先凭清单分批分散出园区。汇总申报就是定期将清单汇总后,填写出口货物报关单向海关申报,个人网购商品涉及许可证管理的可免许可证。

3)直购进口

直购进口指符合条件的电子商务平台与海关联网,境内消费者跨境网购后,电子订单、支付凭证、电子运单等由企业实时传输给海关,商品通过海关跨境电子商务专门监管场所入境,按照个人邮递物品征税。

4)保税进口

电子商务企业提前集中采购,通过批量运输的方式将货物运至海关特殊监管区域备货。消费者下单后,商品可直接从监管区仓库报检报关后发货,后续环节与国内电子商务购物类似。

2. 跨境电子商务通关监管方式

进出口货物海关监管方式是指以国际贸易中进出口货物的交易方式为基础,结合海关对进出口货物的征税、统计及监管条件综合设定的海关对进出口货物的管理方式。

1)增列监管方式代码"9610"

从2014年2月10日起,为促进跨境贸易电子商务零售进出口业务发展,海关监管方式代码增列"9610",全称为"跨境贸易电子商务"。

2)增列监管方式代码"1210"

从2014年2月10日起,为促进跨境贸易电子商务零售进出口业务发展,海关监管方式增列代码"1210",全称为"保税跨境贸易电子商务"。

3. 跨境电子商务通关监管要求

1)企业注册登记及备案管理

开展电子商务的企业如果需要向海关办理报关业务,应在海关办理注册登记。如需变更注册登记信息的,应按照注册登记管理的相关规定办理。

开展电子商务业务的海关监管场所经营人应建立完善的电子仓储管理系统,将电子仓储管理系统的底账数据通过电子商务通关服务平台与海关联网对接;电子商务交易平台应将平台交易电子底账数据通过电子商务通关服务平台与海关网对接;电子商务企业、支付企业、物流企业应将电子商务进出境货物、物品交易原始数据通过电子商务通关服务平台与海关联网对接。

电子商务企业应将电子商务进出境货物、物品信息提前向海关备案,货物、物品信息应包括海关认可的货物 10 位海关商品编码及物品 8 位税号。

2)电子商务进出境货物、物品通关管理

电子商务企业或个人、支付企业、物流企业应在电子商务进出境货物、物品申报前,分别向海关提交订单、支付和物流等信息。

电子商务企业或其代理人应在运载电子商务进境货物的运输工具申报进境之日起 14 日内向海关申报,电子商务出境货物运抵海关监管场所后,装货 24 小时前,按照已向海关发送的订单、支付和物流等信息,如实填制"货物清单",逐票办理货物通关手续;个人进出境物品,应由本人或其代理人如实填制"货物清单",逐票办理货物通关手续。

除特殊情况外,"货物清单""物品清单"和"进出口货物报关单"应采取通关无纸化作业方式进行申报。

任务 7.4　跨境电子商务职业岗位

1. 跨境电子商务职业岗位

跨境电子商务职业有以下岗位:
①产品专员。
②销售专员。
③采购专员。

2. 跨境电子商务职业要求

1)跨境电子商务职业能力要求
①市场分析能力:分析市场状况及竞争对手状况,制订销售计划。
②市场策划能力:策划促销活动、市场推广方案。

③外语沟通能力:运用外语与客户沟通,处理订单问题。

④计算机运用能力:使用软件上传产品信息,处理图片。

2)跨境电子商务职业知识要求

①市场营销知识:市场分析、市场策略、市场营销组合等相关知识。

②电子商务知识:熟悉电商平台规则、网络营销等相关知识。

③物流管理知识:发货流程、仓库管理和采购管理等相关知识。

④国际贸易知识:外贸流程、商检和海关等知识。

⑤商品知识:主要商品规格、性能、用途、商品编码等。

3)跨境电子商务职业素养要求

①良好的职业道德:遵纪守法,不售假货和劣质货,不侵犯知识产权。

②吃苦耐劳的精神:脚踏实地,任劳任怨。

③服务客户的精神:客户至上,积极主动提供优质服务。

项目 8　跨境电子商务售前准备

【任务布置】

　　1.了解全球主要跨境电商市场。

　　2.选择商品。

　　3.店铺装修。

【课上学习任务】

任务 8.1　全球主要跨境电子商务市场

　　在欧洲跨境电商市场中,欧洲 8.2 亿居民中有 5.3 亿互联网用户,2.59 亿在线购物用户。在美国和加拿大跨境电商市场中,全球约 37% 的跨境在线买家集中在加拿大,美国拥有 3.15 亿居民,其中 2.55 亿网民中有 1.84 亿在线购买者,美国是世界上最大的电子商务市场之一。亚洲跨境电商市场中,亚洲各地区之间有着极强的联系,资料显示,排名前三的跨境电商地区分别是:中国香港、中国内地和日本。拉丁美洲跨境电商市场中,拉丁美洲人喜欢上购物网站浏览、比价,但是不一定会完成购买。在太平洋地区,澳大利亚和新西兰在全球跨境电子商务比重占据 19% 的份额。

任务 8.2　选择商品

　　当我们开始进入外贸领域的时候,我们应思考一个问题,哪些客户和市场是我们可以做的,我们所做的产品在哪些市场具备竞争力,在不同的市场我们都采用同样的销售策略吗?

1. 选择商品的概念

选择商品,简称选品,是指从供应市场中选择适合目标市场需求的产品在网站进行销售。选品人员在选择商品时,一方面,要把握客户需求;另一方面,要从众多供应市场中选出质量、价格和外观最符合目标市场需求的产品。成功的选品必须考虑供应商、客户和选品人员三者的有机结合。

2. 如何选品

1)根据网站定位选品

网站定位,即网站的目标市场或目标消费群里,通过网站整体地位的理解和把握,选品专员对网站的品类进行研究分析,然后选择适合目标消费者需求的商品。

①品类分析。从目前跨境电商 B2C 和 C2C 站来看,大类商品主要可分为手机、服装服饰、电脑、电子、儿童用品、家居园艺、汽车配件、摄像器材、美容保健、首饰手表、办公用品、体育用品、玩具收藏品、游戏配件等。

②产品线分析。综合性网站选品主要注意产品线的宽度和深度。在宽度方面,要充分研究该类别,拓展品类开发的维度;要考虑该品类与其他品类之间的关联性,提高关联销售度和订单产品数。在深度方面,每个子类的产品数量要有规模;产品有梯度(高、中、低三个档次);积极推广有品牌的产品,提升品类口碑和知名度。

2)使用数据分析工具选品

使用数据分析工具选品是指通过对各个业务节点业务数据的提取,分析及监控,让数据作为管理者决策,员工执行的有效依据,作为业务运营中的一个统一尺度和标准。

从数据来源看,可分为外部数据和内部数据。外部数据是指企业以外的其他公司,市场等产生的数据。内部数据是指企业内部经营过程中产生的数据信息。要想作出科学正确的决策,需要对内外部数据进行充分的调研和分析。

常用的数据分析工具如下:

①Google Trends。

②KeywordSpy。

③Alexa。

任务8.3　店铺装修

1. 店招与店名

1)店招的设计

店招就是店铺的招牌,是店铺最重要的标志之一,一个好的店招可以让买家容易记住店铺。店招设计不仅仅是一般的图案设计,最重要的是要体现店铺精神、商品的特征和店主的经营理念等。

①店招设计要求个性独特。

店招在设计上除了要讲究艺术性外,还需要讲究个性化,让店招与众不同。下图是一个个性店招的例子。这个店招清晰地传达给顾客该店铺的主打产品是男士 Winter Jacket,品牌是 VSD,店铺名称是 VSD International,如图 8-1 所示。

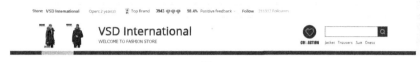

图 8-1

店招设计里的图片素材都要在网络上收集,如在百度中搜索"店招素材",就会在网页中显示很多相关的素材网站,在不涉及版权的前提下,可以下载使用。

②店招设计要求简练、明确和醒目。

店招是一种直接表达的视觉语言,要求产生瞬间效应,因此店招设计要求简练、明确和醒目。图案切忌复杂,也不要过于含蓄,要能从各个角度和各个方向上看都有较好的识别性。

2)店招设计的思路

店招设计是一项高度艺术化的创造活动,一般来说由文字和图像组成,有些店招用纯文字表示,有些用纯图像表示,也有一些店招既包含文字也包含图像。有商标的卖家,可以将商标用数码相机拍摄下来,然后用 PhotoShop 软件处理,或通过扫描仪将商标扫描下来,再通过图像处理软件来编辑。有绘图基础的卖家可以先在稿纸上画好草图,然后用数码相机或扫描仪的方法将图像输入计算机,再使用图像处理软件进行绘制和颜色填充。

设计好店招后,就可以通过店铺管理工具将店招图片发布到店铺上了。下面,以速卖通平台为例,讲解将店招图片发布到店铺上的操作方法。

首先,单击页面上的"店铺管理"。然后,单击右上角的"编辑"按钮,就可以进入店铺编辑模块,店招图片的模块高度在 100 ~ 150 像素,宽度为 1 200 像素。最后,将店招的图片复制在链接地址里面,替换店招后就可以保存。

3)店名的设置

①商铺的名称一般包括英文字符、空格、标点符号,但不得超过 64 个字符。同一个店铺只能存在一个名称,不能重复。

②商铺的名称不得违反法律法规、平台规则,不得包含任何违反第三者版权,禁止或限制销售的产品名词。

③店名每半年仅有一次更改机会,在商铺开通后一定要考虑好自己店铺以后的主打产品。

2. 店铺栏目设置

1)店铺栏目界面

店铺的栏目设置决定了店铺展现在买家面前的最终效果,卖家可以通过页面管理来增加、删除页面上的模块、修改模块的内容和顺序等。

(1)页面编辑

先单击进入"页面编辑"的界面,在左侧可以选择需要编辑的页面(目前只开放了商铺首页的编辑),然后在右侧对这个页面中的内容进行编辑。右侧所有灰色的区域都是不可编辑的,其余的区域可以通过单击"布局单元"来添加想要使用的模块,单击后将弹出编辑窗口,如图8-2所示。

图 8-2

添加模块后,鼠标移动到模块上时该模块的颜色会发生变化,同时在模块上方会出现一些模块的操作按钮。

(2)内容编辑

单击"编辑"打开模块的内容编辑页面,单击上下移动的箭头来调整模块之间的顺序,也可以单击"删除"来删除该模块。

商品推荐模块是商铺中最重要的模块。它承担了在商铺页面中向买家展示卖家商品信息的任务,灵活运用好商品推荐模块可以有效降低商铺商品管理的成本,并且可以提升商铺的转化率。下面是向买家展示的商品,如图8-3所示。

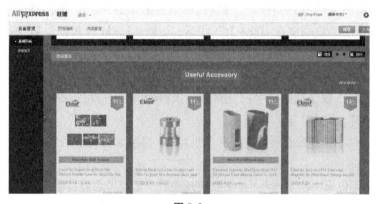

图 8-3

打开商品推荐模块的设置界面,就可以看到上图所示的内容,具体解释如下:

①模块标题。

即商品推荐模块的标题,用于在装修平台标识模块的名称。如果勾选"显示模块标题",在买家页面展示的时候就会显示标题栏;反之,则不展示标题栏,直接展示商品信息。

②展示方式。

对于添加在右侧的商品推荐模块,可以选择一行展示4~5个商品,对于添加在左侧的商品推荐模块,则只能选择一列展示 4～20 个商品。

③商品信息。

对于添加在右侧的商品推荐模块,可以选择两种商品展示方式:一种是直接将商品的标题、价格、是否免运费、销量、评价等项目直接展示完全;另一种是默认只展示价格,鼠标滑过时才展示详细的信息。前者会让买家快捷地了解商品的信息,但是文字内容较多,也会干扰买家浏览效果。

2)横幅

商铺"横幅自定义"功能是为打造"卖家自主营销型商铺"而开发的第一项自定义功能。卖家可以通过自定义的横幅向买家推销热点商品,也可以使用横幅创建自己的店铺活动,提高商铺交易转化率。以下简要介绍如何使用横幅功能。

(1)设计准备一张合适的图片

商铺横幅长宽要求为 710 像素×200 像素(A+卖家为 710 像素×300 像素),不合尺寸的图片会影响对买家的吸引效果。横幅图片只支持 JPEG 或者 JPG 格式的图片。横幅的样式设计要更有促销功能,吸引买家点击或者采购。

(2)上传、设置商铺横幅

进入卖家后台,单击"商铺管理"中的商铺横幅界面。单击"自定义横幅",上传横幅图片。或者在上传横幅界面使用"点击下载标准尺寸 Banner 源文件"来下载模板,并根据需求进行修改。上传图片后,还可以设置该图片点击后链接的页面,复制想要的商铺页面 URL 地址,粘贴后单击"确认"即完成设置,如图 8-4 所示。

图 8-4

横幅的链接只能添加商铺所属的页面,最多可以上传3个横幅,前台将展示选中的一个横幅,在需要的时候进行切换。如果想要使用新的横幅,用新的图片去替换不再使用的横幅即可。

(3)等待横幅图片的后台审核

横幅的图片上传后,通常需要24小时的后台审核时间,通过审核后,可以选取通过审核的图片,单击"保存"。系统会在每天12点更新横幅信息,你的商铺就能展示你精心制作的横幅了。

不过在上传横幅图片时,要注意自己的图片里面没有包含任何侵权 Logo 的字眼,不然难以通过后台的审核。

3)装修店铺

在速卖通上开店,要怎样装修店铺呢?如何装修得漂亮一些呢?怎样装修才能促进成交呢?

①在淘宝后台进入或者是通过百度搜索进入速卖通。

②然后,登录账号,登录后的页面如图8-5所示。

图 8-5

③单击"商铺管理",如图8-6所示。

图 8-6

④最后,单击进入"马上装修",如图8-7所示。

图 8-7

4）关于页面编辑

①图片轮播编辑。图片轮播页面，如图 8-8 所示。

图 8-8

②添加图片步骤。

"添加图片"：单击"添加图片"→"上传新图片"，或者从链接直接复制地址进行粘贴。上传好了，单击"确定"，如图 8-9 所示。

5）关于产品排列

产品排列可以采用系统推荐的方式，也可以使用自定义图片编辑的方式。

（1）系统推荐

这里可以选择采用多少产品进行展示，采用大图还是小图的方式进行展示。

（2）自定义图片编辑法

首先，在这里要添加一个自定义模块。然后，将自己想要添加的图片或者代码添加进去即可。

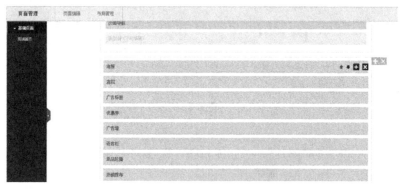

图 8-9

6）关于布局管理

如图 8-10 所示，"↓"表示这个模块可以往下移动。"+"表示可以增加一个模块。"×"表示可以删除这个模块。

图 8-10

在装修好了之后，就可以单击"发布"按钮发布。

3. 产品图片的拍摄

图片拍摄及图片处理在网店的前期阶段是很重要的，图片好比是商店的"橱窗"，起到了直接与消费者沟通的作用。当买家在看不到实物的时候，卖家只能通过图片向买家展示所卖商品的属性、功能。

1）图片拍摄的基础知识

（1）相机的像素

现在市面上的数码相机的像素都在 10 000 像素以上，拍摄普通的产品 10 000 像素已经足够了，像素大小也不是决定图片质量的唯一因素。

（2）图片分辨率

分辨率就是屏幕图像的精密度，是指显示器所能显示的像素的多少。由于屏幕上的点、线和面都是由像素组成的，显示器可显示的像素越多，图像就越清晰。一般网页浏览的图片分辨率要求在 640 像素×480 像素就可以了。

（3）微距功能

对数码相机来说，即使是很多低端的普通相机，都配置了微距功能。微距可以获取日常视觉看不到的东西，能够拍摄离镜头很近的物体，其目的是将主题、细节放大后呈现到买家的面前，让买家对商品的细节更加了解，增加下单的机会。

微距拍摄的注意事项有如下几点：首先，拍摄时相机如有晃动就可能造成图像模糊，所以通常情况下要选择较快的快门速度或者设法将相机固定在三脚架上。其次，当相机与被摄物体的距离较近时，相机本身就会对周围环境光线造成比较明显的遮挡，使得被摄物体可能得不到足够的曝光。最后，因为闪光灯的照明度可能过强而使商品曝光过度，所以在微距拍摄的时候要特别注意商品的照明。

2）拍摄场景的布置

高质量的照片拍摄对店铺的生意好坏起着至关重要的作用，要获得一张成功的商品照片，除了相机本身的功能外，人为地创造辅助拍摄条件也很重要。以下介绍拍摄场景的布置方式。

（1）室内拍摄场景的布置

室内拍摄场景的布置可以利用墙纸或其他布料。拍摄场景或背景要单一，背景颜色要适合产品拍摄的需要。不能把产品放在一大堆杂物中去拍摄，背景颜色最好以淡色和纯色为主，切忌使用深色和杂色。

（2）室外拍摄场景的布置

在户外拍摄商品照片时，除了可以利用自然光线外，另一目的就是能够加入自然景色作为照片的背景，可以去公园或任何一处风景区拍摄，让创作理念不受场景限制。例如，利用公园长凳拍摄女士上衣商品时，可以先试拍几张找准曝光组合和拍摄角度。回放检查试拍照片效果，可能列出以下问题：拍摄角度是否需要继续调整；在阳光直射下拍摄的商品是否曝光过度或曝光不足；细节能否展现出来，如图 8-11 所示。

图 8-11

3）图片拍摄的技巧

一件商品要尽量多拍几张照片，商品的全景、特写、正面、侧面等均要有图片进行展示。一般商品标题图片要选用全景图片进行展示。全景图片配合标题使用，更直观醒目，买家就能一眼看出你卖的产品是什么。商品描述里的图片可以选用正面、侧面等一些展示商品细节的图片。

4）其他注意事项

拍摄主题要突出，整个图片的布局要以你展示的商品为主。如果相机不是防抖动的，拍摄者一定要端稳相机，尽量保持静止状态。

每次拍照尽量多拍一些，这样选择余地大，也更利于后期挑选合适的照片。

4.产品图片的处理

经过处理的图片变得更加精美，给人愉悦的视觉体验，从而增加产品销售的成交率。

产品的图片处理主要有 3 点。

1）提高图片的清晰度

拍出来的图片有时候没有那么完美，这就需要用专门的软件处理一下，然后再上传。下面介绍如何使用 PhotoShop 处理不够清晰的照片，具体操作步骤如下：

①打开一张需要处理的图片。

②选择 PhotoShop 程序里面的"图像""模式""Lab 颜色"选项。

③打开图层面板，在该面板中将背景层拖动到"创建新图层"按钮上，即可复制背景图层。

④选择"滤镜""锐化""USB 锐化"命令，弹出"USB 锐化"对话框。

⑤将图层模式设置为柔光，不透明度设置为90%。

⑥如果还是不够清楚，还可以复制相应的图层，直至调整清晰为止。

2）调整图片的色调

现在的图片来源很广，有数码相机拍摄、网上下载、手机拍摄等。由于各种不同的拍摄原因，绝大多数图片都存在着不同程度的偏色问题。下面，讲述如何调整图片的色调。

①在 PhotoShop 中打开一张图片。

②选择"图像""调整""曲线"命令，弹出"曲线"对话框。

③在弹出的对话框中对曲线进行调整。

④单击"确定"按钮。

3）为图片添加水印

设置图片的水印，可以用专业的软件批量设置、上传，也可以使用系统里面简单的水印功能，效果就是图片上会出现自己店铺号码的水印，防止其他的卖家盗图。

在从电脑或者图片银行上传你所需的图片时，勾选"给我的电脑选取的图片添加水印"，就完成了添加水印。

项目 9　客户服务

客户服务主要是为客户提供咨询服务,也是跨境电子商务企业岗位中与客户接触最多的岗位,客户服务质量的好坏直接影响消费者的购买情况。外贸业务员姚石开始学习客户服务的理念,客户服务的流程以及售前、售中、售后的邮件沟通技巧。

【任务布置】

1.客户服务概述。

2.客户服务沟通。

3.客户服务邮件。

【课上学习任务】

任务 9.1　客户服务概述

1.客户服务理念

1)客户服务概念

客户服务(Customer Service)是指一种以客户为导向的价值观,广义地说,任何能提高客户满意度的内容都属于客户服务的范围。跨境电子商务客户服务是指通过各种通信方式了解客户需求,帮助客户解决问题,促进网店产品销售的业务活动,包括客户售前咨询、订单处理、售后咨询等。在跨境电子商务企业中一般都设有专职的客户服务岗位,简称"客服"。

2)客户服务理念

客户服务理念是指在与客户的接触过程中要做到以客户为中心,设身处地去理解客户,挖掘客户需求,不断满足客户需求,为客户创造价值。以下 3 点将能帮助我们树立客户服务的理念。

(1)客户为什么会离开我们

调查显示,客户离开我们主要是因为得不到他们想要的,这同价格没有太大的关系。45%的顾客离开是因为"很差的服务";20%的顾客离开是因为没有人去关心他们;15%的顾客离开是因为他们发现了更便宜的价格;15%的顾客离开是因为他们发现了更好的产品;

5%的顾客离开是其他原因。

（2）开发新客户的成本

开发一个新顾客的费用是保持一个老顾客费用的5倍，保留5%的忠实顾客，利润额在10年内能增加100%；一个忠实的客户所带来的持续消费、关联性消费、介绍他人消费等是一次性顾客消费量平均额的N倍；80%的生意来自20%的顾客；区别公司的客户类别，抓住最主要的顾客尤其重要。

（3）优质服务所带来的收益

开发一个新客户需要花大力气，而失去一位客户只需要1分钟。平均每一个被得罪的顾客会告诉8~16个人，被告知这个坏消息的人还会告知更多的人。不要得罪你的客户，你得罪的不是1个客户，可能是500个客户，在网络时代，更是瞬间传万里。

调查资料表明，不满意的顾客中只有4%会投诉，96%不开心的顾客从不投诉，但是他们中90%的人永远不会再购买该企业的产品和服务。

2. 客户服务流程

1）了解客户需求

（1）客户需求的概念

客户需求是指客户的目标、需要、愿望以及期望。客户需求往往是多方面的、不确定的，需要去分析和引导。

（2）马斯洛需求层次理论

马斯洛需求层次理论将人类需求分为生理需求、安全需求、情感和归属需求、尊重需求和自我实现需求5类。

随着电子商务行业竞争日益激烈，客户服务已经取代产品和价格成为竞争的新焦点。用优质服务招徕客户、留住客户是企业的重要竞争力。客服人员应根据马斯洛的需求层次理论对客户服务进行管理，满足客户需求，从而留住客户。

（3）了解客户需求

了解客户需求是指客服人员运用聆听、提问等方式挖掘客户主要需求的过程。客户需求分为表现需求与主导需求，表现需求是指客户直接表现出来的需求，是一种外在的需求；主导需求是指客户真实的、起主导作用的需求，是一种内在的需求。了解客户的真实需求，以及隐藏在其表象需求背后的主导需求，是客服人员提高工作效率，促成与客户交易、解决问题的保证。

提问和聆听是了解客户需求的两种主要方式。运用提问和聆听技巧，既可以帮助客服人员提高客户的接受程度，提高与客户交流的有效性，获得更加全面的信息，也能够更加清楚地了解客户的状况、环境和需求，并且还可以帮助销售人员保持清晰的思路，提高与客户沟通的效率。

2）满足客户需求

客户服务的核心是满足顾客的服务需求，客户是否满意是评价企业客户服务成败的指标。只有客户满意才能引发顾客对企业的忠诚，才能长期留住客户。

（1）按层次满足客户需求

客户服务过程中可以按以下顺序满足客户需求：

①对于基本信息需求，企业应在网站提供详细的产品和服务资料，利用网络信息量大、查询方便、不受时空限制的优势，满足客户的需求。

②客户在进一步研究产品和服务时，可能遇到问题需要在线帮助。选购产品时或购买产品后，客户还会遇到许多问题，需要企业帮助解决，这些问题主要包括产品的安装、调试、使用和故障排除等。

③对于难度更大或者网络营销站点未能提供答案的问题，客户希望能与企业人员直接接触，寻求更深入的服务，解决更复杂的问题。

④客户还有可能愿意积极参与到产品的设计、制造、配送、服务整个过程，追求更符合个性要求的产品和服务。

客户服务需求的4个层次相互促进，低层次的需求满足得越好，越能促进高一层次的服务需求。顾客得到满足的层次越高，满意度就越高，与企业的关系就越密切。

（2）有效使用服务工具

①FAQ（Frequently Asked Questions）。FAQ即常见问题解答，在公司网站中以客户的角度设置问题、提供答案，形成完整的知识库。与此同时，还应提供检索功能，能够按照关键字快速查找所需内容。

②网络社区。网络社区包括论坛、讨论组等形式，客户可以自由发表对产品的评论，与使用该产品的其他客户交流产品的使用和维护方法。营造网上社区，不但可以让现有客户自由参与，还可以吸引更多潜在客户参与。

③电子邮件。电子邮件是最便宜的沟通方式，通过客户登记注册，企业可以建立电子邮件列表，定期向客户发布企业最新信息，加强与客户的联系。

④在线表单。在线表单是网站事先设计好的调查表格，通过在线表单可以调查客户需求，还可以征求客户意见。

⑤网上客户服务中心。在企业营销站点开设客户服务中心栏目，可详细介绍企业服务理念、组织机构。通过客户登记、服务热线、产品咨询、在线报修等，为客户提供系统、全面的服务。

3）客户投诉处理

客户投诉处理解决可分为4个阶段：接受投诉阶段、解释澄清阶段、提出解决方案阶段、回访阶段。

（1）接受投诉阶段

要求做到认真倾听，保持冷静、同情、理解并安慰客户；给予客户足够的重视和关注；明确告诉客户等待时间，一定在时限内将处理结果反馈客户。

（2）解释澄清阶段

要求做到不与客户争辩或一味寻找借口；不要给客户有受轻视冷漠或不耐烦的感觉；换位思考，从客户的角度出发，做合理的解释或澄清；不要推卸责任，不得在客户面前评论公司、其他部门和同事的不足；如果确实是公司原因，必须诚恳道歉，但是不能过分道歉，注意管理客户的期望,同时提出解决问题的办法。

(3)提出解决方案阶段

要求做到可按投诉类别和情况,提出相应解决问题的具体措施;向客户说明解决问题所需的时间及其原因,如果客户不认可或拒绝接受解决方案,坦诚地向客户说明公司的规定;及时将需要处理的投诉记录传递给相关部门处理。

(4)回访阶段

要求做到根据处理时限的要求,注意跟进投诉处理的进程;及时将处理结果向投诉的客户反馈;关心询问客户对处理结果的满意程度。

3. 跨境电子商务客户服务内容

1)售前客服

售前客服是指在订单成交前,以商品销售为中心,为买家提供产品销售的相关咨询,包括购物流程、产品介绍以及支付方式等。内容包括指导买家选购商品,推荐同类或关联产品,完成支付。

售前客服关系到店铺成交转化率和买家购物体验。

在售前客服过程中,买家咨询较多的问题涵盖产品、支付、物流、费用等。

①与产品相关的问题:产品的功能和兼容性,相关细节明细,包裹内件详情。

②与支付相关的问题:关于支付方式和付款时间等问题的咨询。

③与物流相关的问题:运抵地区、发运时间、物流种类等问题的咨询。

④与费用相关的问题:运费合并、进口关税、优惠条件等问题的咨询。

2)售后客服

售后客服是指在产品成交后,为客户提供订单查询跟踪、包裹预期到货时间咨询以及产品售后服务等咨询。售后客服关系到产品类目的完善、产品质量的提高,关系到客户体验和重复购买率,如果是使用平台的,还关系到退货率、纠纷率乃至账号的安全。

在售后客服过程中,主要问题集中在货物未及时收到、实际收到货物与描述不符合、差评处理。

(1)货物未及时收到

货物未及时收到的原因很多,包括物流公司因素、下单漏单、仓库漏发、货运丢失、客人地址不对、相关信息缺失、海关清关延迟、特殊原因,如海关、邮局等机构不正常营业,安防严检,极端天气因素等。

(2)实际货物与描述不符合

导致物品描述不符的主要原因包括货品贴错标签、入错库、配错货、发错地址、下单错误等,还有产品质量因素,如参数不对、色差、尺寸有出入,其他如货运过程中造成的损坏、与客人预期不符也会导致货物与描述不符。

3)主动售后咨询

客户服务人员除了及时为客户提供售前、售后的咨询,有时还要主动将下面的一些重要信息告知客户。

①告知客户付款状态,确认订单及订单处理的相关信息。

②分阶段告知客户货物的物流状态信息。

③如遇到不可抗力因素导致包裹延误、物流滞后等应及时通知客户。

④有问题的产品同类订单应主动沟通、说明情况。

⑤公司推出的新产品、热卖产品应及时推荐给客户。

⑥店铺的营销活动应及时通知客户。

任务9.2　客户服务沟通

1. 客户服务沟通原则

1）坚守诚信

网上购物看不到摸不着,所以我们对待客户必须要用一颗诚挚的心。包括诚实地解答顾客的疑问,诚实地给顾客介绍商品的优、缺点,诚实地向顾客推荐适合的商品。

坚守诚信还表现在一旦答应顾客的要求,就应该切实履行自己的承诺,有时即使自己吃点亏,也不能出尔反尔。

2）凡事留有余地

在与顾客交流中,不要用"肯定、保证、绝对"等字样,目的是不让顾客有失望的感觉。最好用尽量、争取、努力等词语,效果会更好。多给顾客一点真诚,也给自己留有一点余地。

3）多倾听顾客意见

在对客户进行服务的时候应先通过问询了解顾客的意图,当客户表现出犹豫不决或者不明白的时候,也应该先问清楚顾客困惑的内容是什么,是哪个问题不清楚。如果顾客表述也不清楚,客户服务人员可以把自己的理解先告诉顾客,问问是不是理解对了,然后针对顾客的疑惑给予解答。

4）换位思考、理解顾客的意愿

当我们遇到不理解顾客想法的时候,不妨多问问顾客是怎么想的,然后把自己放在顾客的角度去体会他(她)的心境。当顾客表达不同的意见时,要力求体谅和理解顾客,表现出"我理解您现在的心情,目前……"或者"我也是这么想的,不过……"来表达,这样顾客能觉得你在体会他(她)的想法,能够站在他(她)的角度思考问题,同样,他(她)也会试图站在你的角度来考虑。

5）经常对顾客表示感谢

当顾客及时完成付款,或者很顺利地达成交易,客户服务人员应该衷心地对顾客表示感谢,感谢客户这么配合工作。遇到问题的时候,先想想自己有什么做得不到位的地方,诚恳地向顾客检讨自己的不足,不要先指责顾客。

2. 客户服务沟通技巧

1）促成交易技巧

（1）利用"怕买不到"的心理

人们常对越是得不到、买不到的东西，越想得到它、买到它。你可利用这种"怕买不到"的心理来促成订单。当对方已经有比较明显的购买意向，但还在最后犹豫中的时候，可以用以下说法来促成交易："这款是我们最畅销的了，经常脱销，现在这批又只剩两个了，估计不到一天就会卖完了。"或者："今天是优惠价的截止日，请把握良机，明天你就买不到这种折扣价了。"

（2）利用客户希望快点拿到商品的心理

大多数客户希望在付款后你越快寄出商品越好。所以在客户已有购买意向，但还在最后的犹豫中时，可以这样表达："如果真的喜欢的话就赶紧拍下吧，我们的物流是每天五点前安排，如果现在支付成功的话，现在就可以为你寄出。"这种方式对于在线支付的顾客尤为有效。

（3）帮助客户拿主意

当客户一再出现购买信号，却又犹豫不决拿不定主意时，可采用"二选其一"的技巧来促成交易。譬如，"请问您需要第 14 款还是第 6 款？"或是说："请问要平邮给您还是快递给您？"这种"二选其一"的问话技巧，只要确定顾客选中一个，其实就是帮他拿主意，下决心购买了。

（4）积极推荐，促成交易

当客户拿不定主意时，客户服务人员应尽可能多地推荐符合客户要求的款式，在每个链接后附上推荐的理由。譬如，"这款是刚到的新款，目前市面上还很少见""这款是我们最受欢迎的款式之一""这款是我们最畅销的了，经常脱销"等，以此尽快促成交易。

（5）巧妙反问，促成订单

当客户问到某种产品，不巧正好没有时，就得运用反问来促成订单。譬如，顾客问："这款有金色的吗？"这时，不可回答"没有"，而应该反问道："不好意思我们没有进货，不过我们有黑色、紫色、蓝色的，在这几种颜色里，您比较喜欢哪一种呢？"

2）说服客户的技巧

（1）调节气氛，以退为进

在说服客户时，你首先应该想方设法调节谈话的气氛。如果你和颜悦色地用提问的方式代替命令，并给人以维护自尊和荣誉的机会，气氛就是友好而和谐的，说服也就容易成功。

（2）争取同情，以弱克强

渴望同情是人的天性，如果想说服比较强大的对手，不妨采用这种争取同情的技巧，从而以弱克强，达到目的。

（3）消除防范，以情感化

消除防范心理的最有效方法就是反复给予暗示，表示自己是朋友而不是敌人。这种暗示可以采用种种方法来进行：嘘寒问暖，给予关心，表示愿提供帮助等。

（4）寻求一致，以短补长

努力寻找与对方一致的地方，先让对方赞同你远离主题的意见，从而使之对你的话感兴趣，而后再想办法将你的意见引入话题，最终求得对方的同意。

3. 主要目的国文化沟通

1）英国

（1）英国的传统商务禁忌

①在称呼英国人时，避免用"English"表示，宜用"British"。因为"English"仅代表英格兰，而不代表苏格兰和威尔士等英国其他地区。

②英国人认为绿色和紫色是不吉祥的颜色，在图案中点缀性地使用是可以的；忌讳白色、大象和山羊图案。他们喜欢马蹄铁的图案，认为其可招来好运气，是吉祥之物。

③与之交谈，忌谈及个人私事、婚丧、收入、宗教等问题，尤其不要谈论女士的年龄。

④他们认为"13"是不祥之数，多数英国人认为"7"这个数字可带来好运，并把星期六看作黄道吉日。

（2）商务沟通技巧

①与买家沟通时，要彬彬有礼，可适当地开些无伤大雅的玩笑，拉近沟通距离。

②注意物流时间，若货物确实不能准时到达，记得要及时告知买家。

③达成交易后，在物流条件允许的情况下，可酌情安排些小礼品，如带有中国特色的工艺美术品。当然，他们对带有公司标记的纪念品不感兴趣，涉及个人私生活的物品一般也不宜赠送。

④英国人不喜欢讨价还价，认为是很丢面子的事情，他们认为一件商品的价钱合适就买，不合适就走开。

2）美国

（1）美国人的商务禁忌

①美国人认为狗是人类最忠实的朋友，对于那些自称爱吃狗肉的人，美国人非常厌恶。

②美国人对数字"13"或"3"特别敏感。

③与美国人交谈，切忌谈及种族、收入、宗教等问题。

（2）商务沟通技巧

①与美国人做生意要有时间观念，时间就是金钱，做事效率要高，比如回复询盘及时、发货迅速等。

②电话、邮件要讲礼貌，多用"could""would""please"等谦辞。

③与美国人做生意，"是"和"否"必须说清楚。

④美国人最关心的首先是商品的质量，其次是包装，最后才是价格。美国人非常讲究包装，它和商品质量的本身处于平等的地位。因此，出口商品的包装一定要新颖、雅致和美观。

3）法国

（1）法国人的商务禁忌

①法国人往往相当拘礼和保守，交谈记得要回避个人问题、政治和金钱之类的话题。

②他们忌讳"13"这个数字,认为"星期五"也是不吉利的。

③法国人忌讳黄色,对墨绿色也没什么好感;他们不喜欢孔雀与仙鹤,认为核桃、杜鹃、纸花也是不吉利的。

④他们认为称呼老年妇女为"老太太",是一种侮辱性的语言。

⑤法国人忌讳男人向女人赠送香水,认为此举有过分亲热或有"不轨企图"之嫌;也不要送刀、剑、刀叉、餐具之类。若送了,意味着双方会割断关系。

(2)商务沟通技巧

①与买家沟通时,在自由平等的基础上,态度好、有礼貌,尤其碰到女性买家,可适度赞美。

②可随物流适当安排些轻便礼品赠送给买家。

③将物品卖给时间观念超强的法国人,一定要控制好物流时间。

④他们对蓝色比较偏爱,认为蓝色是"宁静"和"忠诚"的色彩;对粉红色也较为喜欢,认为粉红色是一种积极向上的色彩,给人以喜悦之感。

4)德国

(1)德国人的商务禁忌

①德国人很注重个人隐私,包括年龄、职业、薪水、信仰等,与德国买家沟通,注意尽量不要涉及这些内容。

②和很多西方国家一样,德国人忌讳数字"13",同时对"星期五"也十分忌讳,这种习俗跟西方的宗教传说有关。

③德国法律禁用纳粹或其军团的符号图案,卖家在店铺设计时应注意避开。

④德国人忌讳赠送过于个人化的物品,且礼品包装纸不用黑色、白色和棕色,也不习惯用彩带包扎。

(2)商务沟通技巧

①德国企业对产品质量最为重视,他们认为没有物美价廉的产品,只有精品和次品。对德国买家而言,产品的品质应该是他们相当在乎的,卖家在备货时应对产品的质量进行严格把控。

②德国人非常注重规则和纪律,做事认真。凡是有明文规定的都会自觉遵守;凡是明确禁止的,德国人绝不会去碰它。

③准确是德语的特点之一,他们经常使用"不得不""必须"等词汇,容易给人留下发号施令的印象,实际上这正是德国人认真、严谨的表现。卖家在与德国买家沟通时,应特别注意言语的准确性。

④可随物流安排小礼品给买家,礼品无须贵重,有纪念意义即可。

5)澳大利亚

(1)澳大利亚人的商务禁忌

①澳大利亚人对兔子特别忌讳,认为兔子是一种不祥的动物,人们看到它就会感到倒

霉,因为这预示着厄运将要临头。

②他们对数字"13"很讨厌,认为"13"会给人们带来不幸和灾难。

③他们忌讳"自谦"的客套语言,认为这是虚伪、无能或看不起人的表现。

④澳大利亚人对自己独特的民族风格感到自豪,因此谈话中忌拿他们与英国人、美国人作比较。

⑤忌谈工会、宗教、个人问题、袋鼠数量的控制等敏感话题。

(2)商务沟通技巧

①澳大利亚人很重视办事效率,时间观念很强,因此物流时间一定要控制好。

②澳大利亚人不喜欢在讨价还价上浪费时间,因此商品价格设置要合理。

③澳大利亚是一个讲究平等的社会,他们很注重礼貌修养,不喜欢以命令的口气催促别人。

6)俄罗斯

(1)俄罗斯人的商务禁忌

①颜色方面,黑色代表不祥和晦气,不宜用于喜庆活动,黄色代表背叛和忧伤,不宜用于情侣活动。

②数字"13"代表背叛,在价格或折扣方面要尽量避免。

③黑猫象征着噩运。

④送礼方面,手绢、刀、空钱包和蜡烛都不合适。

(2)商务沟通技巧

①颜色方面,蓝色表示忠贞,象征着友谊和信任,并且俄罗斯人偏爱红色,常把红色与喜爱的事物联系在一起。

②俄罗斯人特别喜欢花,认为花能反映人的情感、品格。

③俄罗斯人喜欢数字"7",认为它意味着幸福与成功。

④俄罗斯客人询盘的最大特色就是俄式英语。建议使用靠谱的语言处理软件或者直接使用俄语与对方交流,会提升客户兴趣度。

⑤俄罗斯客人喜欢用Skype在线谈生意,也用SMS(相当于中国的短信)。

7)巴西

(1)巴西人的商务禁忌

①巴西人对颜色比较敏感,若送他们鲜花,不能送紫色、棕色或黄色。他们认为紫色是死亡的象征,棕色充满悲伤,黄色则代表绝望。同理,卖家在店铺设计时可作参考。

②他们不喜欢谈论如政治、宗教、种族、工作等敏感的话题,切忌将类似话题拿来乱开玩笑。

③巴西人非常守时,不管做何约定,最好按时进行,反之可能会招致强烈的反感。

④手帕和刀的图案,他们不甚喜欢,卖家在店铺设计时应尽量避开。

⑤与很多国家一样,他们忌讳数字"13"。

（2）商务沟通技巧

①与巴西客户沟通时，可尽量风趣幽默，用他们感兴趣的话题活跃气氛。

②巴西人性格直率，与之沟通无须拐弯抹角，尽量直来直去，他们会比较容易理解。

③他们喜爱谈论自己的孩子，在沟通中时不时夸赞他们的小孩，会增加他们的好感。同时，可多谈足球、趣闻等话题，让沟通更简单、顺畅。

④蝴蝶和金桦果是巴西人认为吉祥和幸福的象征，卖家在设计店铺时可充分利用这些图案。

8）意大利

（1）意大利人的商务禁忌

①意大利忌讳数字"13"和"星期五"，认为"13"这一数字象征着噩兆，"星期五"也是不吉利的象征。

②意大利忌讳菊花。因为菊花是丧葬场合使用的花，是放在墓前为悼念故人用的花，是扫墓时用的花。因此，人们把它视为"丧花"。如果要送鲜花，切记不能送菊花；如果要送礼品，切记不能送带有菊花图案的礼品。

③意大利忌讳用手帕作为礼品送人，认为手帕是擦泪水用的，是一种令人悲伤的东西。所以，用手帕送礼是失礼的，同时也是不礼貌的。

④意大利还忌讳别人用目光盯视他们，认为目光盯视人是对人的不尊敬，可能还有不良的企图。

（2）商务沟通技巧

①意大利人性格一般比较开朗、健谈、热情奔放。初次见面谈问题都比较直爽，单刀直入，不拐弯抹角。

②意大利人的手势和表情比较丰富，常以手势帮助讲话，如手势表达不准确，很容易造成双方误会，后果一发不可收拾。

③意大利人讲究穿着打扮，在服饰上喜欢标新立异，出席正式场合都注意衣着整齐得体。他们喜爱听音乐和看歌剧，他们的音乐天赋和欣赏能力大都较高。

④意大利人酷爱自然界的动物，喜爱动物图案和鸟类图案，喜欢养宠物，尤其对狗和猫异常偏爱，有些甚至把宠物作为家庭的一员介绍给客人。

⑤意大利人的时间观念不强，参加一些重大的活动、重要的会议、谈判或者一般的约会，常常迟到。

9）葡萄牙

（1）葡萄牙人的商务禁忌

①忌讳数字"13"和"星期五"（尤其是13日和星期五重合的那一天）。

②忌讳盯视别人。

③忌食带血的食物和血制品。

④忌讳问有关天主教的主教、神父、修女的子女、爱人的问题。

⑤不愿意谈论有关政治或政府方面的问题。

（2）商务沟通技巧

①到葡萄牙从事商务活动最好选择在当年的 10 月至次年的 6 月。

②葡萄牙中午 12 点到下午 3 点不办公，在这段时间联系商务会找不到人。

③商谈生意时应注意穿戴，谈判中如果他们穿着上衣，尽管天气热你也不要脱去上衣。

④葡萄牙商人多会法语、英语和西班牙语，可尽量使用这 3 种语言与他们进行沟通；与葡萄牙人谈生意要有耐心。

⑤葡萄牙人比较讲究礼仪，与人交谈时，他们坐的姿势端正，尤其是女性，入座时注意双腿并拢。

10）西班牙

（1）西班牙人商务的禁忌

①西班牙人视家庭问题及个人工作问题为私人秘密，在与西班牙人交谈时，最好避开此类话题。

②斗牛是西班牙的传统活动，他们崇尚斗牛士，外来人士最好不要扫他们的兴，不要说斗牛活动的坏话。

③西班牙人最忌讳"13"和"星期五"，认为这些数字及日期都是很不吉利的，会有厄运或灾难临头。

④送花给西班牙人，忌送大丽花和菊花，因他们视这两种花为死亡的象征。

（2）商务沟通技巧

①按照西班牙商人的商业习惯和礼俗，建议你随时穿着保守式样西装，内穿白衬衫，打保守式样的领带。

②西班牙人很重视信誉，总是尽可能地履行签订的合同，即便后来发现合同中有对他们不利的地方，他们也不愿公开承认自己的过失。如在这种情况下，对方能够善意地帮助他们，则会赢得西班牙人的尊重与友谊。

③到西班牙做客的商人，在办公时间以穿黑色皮鞋为宜，不要穿棕色皮鞋，尤其在日落之后，一定要穿黑色的鞋子，因为西班牙人历来就喜欢黑色。

④拜会公司，必须要预先约好，最好持用有西班牙文、中文对照的名片，这样，会给会面和谈判提供方便。

任务 9.3　客户服务邮件

邮件回复是跨境电子商务客户服务工作最常用的，以下将以客户服务过程中最典型的环节进行举例说明。

1. 售前沟通邮件

1）买家询问物品细节的问题

（1）关于尺寸

示例：一位美国买家告诉你她平时穿 US 8 码的连衣裙，想咨询她应该买哪一个尺码，你回复她 M 号比较适合。

问题：

Hello, seller, I wear US size 8, could you give me some advice on which size I should buy from you?

回答：

Hello, dear customer, size M of this dress should fit you well. Please feel free to contact us if you have any other questions. Thanks!

（2）关于合并运费

示例：

当买家一次性购买多件商品时，可能会向你提出合并运费的要求，你可以通过修改并发送电子发票（Invoice）的形式，对买家购买的多件商品只收取一次运费。在电子发票发送成功后，及时告知买家运费已合并，让买家直接通过电子发票进行支付。

问题：

Hello, seller, can the shipping fee be paid together as I've bought several items from you? Please send me in one package, thanks!

回答：

Hello, dear customer, thanks for your business!

We have combined the shipping already and only charge you the shipping fee once. You can check the invoice I've just sent to you and please make the payment through the invoice directly. Please feel free to contact us if you have any other questions. Thanks!

2）关税问题

问题：

Are there any import taxes or customs charges that I need to be aware of if I purchase this and have it shipped to Louisiana in the United States?

回答：

Thank you for your inquiry. I understand that you are worrying about any possible extra expense for this item. According to past experience, it did not involve any extra expense at buyer side for similar small or low cost items. Please do not worry about it too much.

However, in some individual cases, buyer might need to take some import taxes or customs charges in import countries. As to specific rates, please consult your local custom office. Thank you for your understanding.

Yours Sincerely,
Seller Name

3）关于大量订单询价

问题：

Hello, I want to order ×× pieces for this item, how about the price?

回答：

Dear buyer,

Thanks for your inquiry. We cherish this chance to do business with you very much. The order of a single sample product costs ×× USD with shipping fees included. If you order ×× pieces in one order, we can offer you the bulk price of ×× USD/piece with free shipping. I look forward to your reply. Regards!

4）支付方式

问题：

Do you accept check or bank transfer? I do not have a PayPal account.

回答：

Thank you for your inquiry.

For the sake of simplifying the process, I suggest that you pay through PayPal. As you know, it always takes at least 2-3 months to clear international check so that the dealing and shipping time will cost too much time.

PayPal is a faster, easier and safer payment method. It is widely used in international online business. Even if you do not want to register a PayPal account, you can still use your credit card to go through checkout process without any extra steps.

Hope my answer is helpful to you.

Yours Sincerely,
Seller Name

5）还价

问题：

Hello, I can pay 100 dollars. Is it OK?

回答：

Thank you for your interest in my item.

We are sorry for that we can't offer you that low price you bargained. In fact the price listed is very reasonable and has been carefully calculated and our profit margin is already very limited.

However, we'd like to offer you some discount if you purchase more than 5 pieces in one order, X% discount will be given to you.

Please let me know if you have any further questions.

Thanks.

Yours Sincerely,

Seller Name

2. 售后沟通邮件

1) 物品未收到的问题

问题：

Hello, seller, I haven't received the product that you sent to me.

回答：

Thank you for purchasing (item ID or item title). We have sent the package out on Dec 16th. The postal tracking number is below for your reference：

No. RR725377313CN

Status：departure from outward office of exchange

Ship-out Date：2017-12-17

Standard ship times are approximately 7-15 business days. However, there may be a delay in international parcel delivery times due to increased holiday demand. We promise a full refund including original shipping charge if the item is not delivered within 30 days upon receipt of payment. Your satisfaction is our utmost priority, please contact us if you have any concerns.

We apologize for any inconvenience. Your understanding is greatly appreciated.

2) 产品与描述不符

问题：

Hello, seller, I've got the goods that is inconsistent with the description, so please send again!

We sincerely regret that you are not satisfied with your purchase. We accept returns or exchanges as long as the item is unopened and/or unused. We strive to provide exceptional products and service to our customers and your opinion is very important to us. Please provide a detailed explanation, photos are also welcome.

Please send your item back to：××,××××, 200001, Shanghai, China

We will send you a replacement upon receipt of your parcel. Please be aware that the return shipping and any new shipping charges for a replacement item will be charged to the buyer.

If you have any other concerns, please contact us through eBay message so that we can respond to you promptly, thanks!

3) 对节假日等可预测的邮递延误进行解释

问题：

Hello, seller, I haven't received the product that you sent to me.

回答：

Thank you for your purchase and prompt payment. China will celebrate National Holiday from October 1st through October 7th. During that time, all the shipping services will be unavailable and may cause the shipping to delay for several days.

We will promptly ship your item when the post office re-opens on October 8th. If you have any concerns, please contact us through eBay message. Thank you for your understanding and your patience is much appreciated.

4）对天气等不可抗力因素造成的延误进行解释

问题：

Hello, seller, I haven't received the product that you sent to me.

回答：

Thank you for purchasing an item from our store. We are sorry to inform you that the delivery of your item may be delayed due to Hurricane Sandy.

We shipped your item (white cotton T-shirt) on Dec. 3rd but unfortunately, we were notified by the post office that all parcels will be delayed due to this natural disaster.

Your patience is much appreciated. If you have any concerns, please contact us through eBay message so that we can respond promptly. Our thoughts are with you.

5）物品收到后的退货换货

（1）关于退货

示例：当买家收到货不满意并提出退货时。

问题：

Hello, seller, I don't like the goods you send to me, can I return?

回答：

Yes, we accept return or exchange. Please send your item back to：

××,××××,200001, Shanghai, China

We will refund (excluding the postage) you via PayPal once your parcel is received.

（2）关于换货

示例：当买家要求换货时,如果你接受换货。

问题：

Hello, seller, I don't like the goods you send to me, can I barter?

回答：

Sure, you can send it back for exchange. Please send your item back to：

××,××××, 200001, Shanghai, China

We will send you a new one after receiving your parcel. Please be aware that you must bear the cost of return shipping and re-send shipping.

Thanks for your understanding. If you have any other concerns, feel free to let me know.

6)客户投诉产品质量有问题

示例:当买家收到货,发觉质量有问题时。

问题:

Hello, seller, I have received the goods you sent to me, but I found that it is of a bad quality.

回答:

I am very sorry to hear about that. Since I did carefully check the order and the package to make sure everything was in good condition before shipping it out, I suppose that the damage might have happened during the transportation. But I'm still very sorry for the inconvenience that has brought you. I guarantee that I will give you more discounts to make this up next time you buy from us. Thanks for your understanding.

3. 主动回访邮件

1)可以选择加入自动邮件系统中的详细的物流信息

Thank you for purchasing (item ID or item title). Please note that this item will be dispatched from China, so the shipping may take longer than domestic shipping. We will ship the item out promptly after receipt of payment. Please refer to the estimated delivery time chart in the item description to estimate your item's arrival time. Your satisfaction is our priority. If you have any concerns, please contact us through eBay message. Thank you for your understanding and patience.

2)物品寄出后向买家提供物品跟踪号,并告知预计送达时间

Your item has just been sent out via China international shipping service which may take about 15-20 business days to arrive at the final destination.

The tracking number of your parcel is:RR123456CN, and you can track the shipping status on the website in a few days.

Besides, as we all know that international shipping requires more complicated shipping procedures, such as both countries' customs clearance, transit stations etc., it will probably take longer time for your item to arrive at the final destination.

Much appreciate for your understanding on this uncontrollable matter. If you have any other concerns, feel free to let me know.

3)成交后与买家沟通六步走邮件

(1)当收到买家的付款后

Your payment has been received for the following items, We will ship it within _____ business days as promised. After doing so, we will send you a notification letter, with tracking number information if applicable.

Two points for clarification：

①shipping charge：some buyers might think our shipping charge is high. But the fact is that, we charge you basing on the actual shipping cost.

②Shipping time：because you bought the item from opposite side of the earth, it needs time to ship and the duration on its way to you is out of control. We can only ensure you to ship the items within the certain days as described in item listing.

（2）当物品发出以后

①如果使用挂号运输方式,如 EMS 或者挂号小包。

The postman just picked up your item from our office. It is estimated to arrive in 7-10 days in normal conditions. If not, please don't hesitate to contact us.

Here is the tracking number of your parcel _____, and you can log on www. _____. com（官网查询网站）to view the updated shipment, which will be shown in 1-2 business days.

You can visit ××××. html to get more detailed information about rating seller's postage time and shipping charge. We warmly welcome your feedback.

a. When rating sellers on postage time-rate the seller only on the time it took to mail the item, not the time it took you to receive the item. Don't hold sellers responsible for delays in mail services, international custom delays, or for the time it takes for your payment to clear. If you picked up the item locally, you won't be able to provide a rating for this category.

b. Remember that sellers can charge for the cost of the actual packaging materials, along with a reasonable handling fee to cover their time and direct costs associated with shipping. If the seller provided free shipping, we give the seller a 5-star shipping and handling charges detailed seller rating automatically, and you won't be able to change the rating. For international transactions, you may also be responsible for duties, taxes, and customs clearance fees as requested by country laws.

Thanks again for your great purchase and great understanding. We sincerely hope our item and customer service can give you the best buying experience on eBay.

②如果使用的是不挂号小包。

The postman just picked up your item from our office. (We will write you another email later to prove that we shipped the item.) It is estimated to arrive in 14-21 days in normal conditions. If not, please do not hesitate to contact us. We shall do whatever we can to help you.

You can visit ××××. html to get more detailed information about postage time and shipping charge.

a. When rating sellers on postage time-rate the seller only on the time it took to mail the item, not the time it took you to receive the item. You should not hold sellers responsible for delays in mail services, international custom delays or for the time it took for your payment to clear.

b. When rating the seller on postage and handling charges, remember that sellers may charge actual packaging materials costs and a reasonable handling fee to cover the seller's time and direct costs associated with postage. For international transactions, you may also be responsible for duties, taxes, and customs clearance fees as requested by country laws.

Thanks once again for your great purchase. We sincerely hope our item and customer service can give you the best buying experience on eBay.

③寄出证明(作为无法在网上查询的包裹的跟进)。

(3)货物发出后的第 10 天(针对无法在网上查询的包裹)

10 days have passed since your item was shipped. It should be soon to come to you. (In normal conditions, it takes around 10-21 days from China to USA.)

When you receive it, we sincerely hope that you will like it and appreciate our customer services. If you have anything you feel unsatisfied with, please do tell us. So we can know what we should do to help you. In the meantime, we will get to know where we should improve.

If you are satisfied, we sincerely hope that you can leave us a positive comment and four 5-star Detailed Seller Ratings, which are very important to the growth of our small company.

Besides, please do not leave us 1,2,3 or 4-star Detailed Seller Ratings because they are equal to negative feedback. Like what we said before, if you are not satisfied in any regard, please tell us.

Thanks once more for your purchase.

(4)货物发出后的第 20 天(针对无法在网上查询的包裹)

20 days have passed since your item was shipped. Have you received it? (In normal conditions, it takes around 10-21 days from China to OZ.)

If you haven't received your item and this situation lasts to the 30th day, please do contact us. A full refund will be issued to you with no excuse. We do not want to give you a bad buying experience even when the shipping is out of our control.

But if you receive it, we sincerely hope you can leave us a positive comment and four 5-star Detailed Seller Ratings if you like it and appreciate our customer services.

Thanks again for your purchase.

(5)包裹妥投后(针对能够在网上查询的包裹)

Now the item is successfully delivered to you, our friend! We sincerely hope you will like it and be satisfied with our customer services. If you have any concerns, please don't hesitate to contact us. We would like to do whatever we can do to help you out.

If you do not mind, please take your time and leave us a positive comment and four 5-star Detailed Seller Ratings to us, which are very important to the growth of our small company.

Please do not leave us 1,2,3 or 4-star Detailed Seller Ratings because they mean that "you are not satisfied", equaling negative feedback. Like what we said before, if you are not satisfied in any regard, please contact us for solution.

Thank you so much indeed.

（6）收到买家好评后

Thank you for your positive comment. Your encouragement will keep us moving forward.

We sincerely hope that we'll have more chances to serve you.

4）物品售出：提醒买家尽快付款

当你欣喜地发现物品售出时，一定希望买家能尽快付款，但也有一些买家可能因为某些原因而迟迟未付款，你可以发送一封邮件给买家，提醒他尽快付款，如果有什么问题可以让他及时联系你。

（1）提醒邮件：买家拍下物品后，却迟迟没有付款

Much appreciate your purchase from us, but we haven't received your payment for that item yet.

As a friendly reminder, the instant payment is very important. The earlier you pay, the sooner you will get the item.

Please make your payment as soon as possible, so we can send you the item in time. If you have any problems during paying, or if you don't want it any more, please feel free to let us know. We can help you to resolve the problems or cancel the transaction.

Thanks again and looking forward to hearing from you soon.

（2）二次付款提醒模板

Email Title：Second Payment Reminder

Email Text：

Thank you for purchasing the item named ＿＿＿＿＿ on date of ＿＿＿＿＿.

We much appreciate for your interests in our item, but we haven't received your payment yet. If there's any problem with you, please let me know. Because we usually keep the unpaid item only for 7 days, after that we'll initiate a request to eBay Resolution Center to cancel this deal as an "Unpaid Bidding" case which may heavily affect both of our credits.

If you bid this item due to a careless mistake, please also let us know. We could reach an agreement to cancel this transaction so that we'll resolve this problem properly. Or please do make your payment through PayPal as quickly as possible, and the detailed information about your Item is as follows：

Item Title：＿＿＿＿＿

Item Link：＿＿＿＿＿

Item Number：＿＿＿＿＿

Buyer User ID：＿＿＿＿＿

Seller User ID：＿＿＿＿＿

Your total payment will be：

$ _____ per item

$ _____ insurance（Included in Postage & Handling）

$ _____ Sales discounts（−）or charges（＋）

$ _____ shipping/handling

$ _____ ＝Total Payment

Any other questions，please do not hesitate to contact us. Thank you for your attention.

项目 10   速卖通平台操作

【工作情景】

全球速卖通被广大卖家称为国际版"淘宝",于 2010 年 4 月上线,是阿里巴巴帮助中小企业接触终端批发零售商,小批量、多批次快速销售,拓展利润空间而全力打造的融订单、完成支付、实现物流运输于一体的网上交易平台,是国内最大的外贸在线交易平台。

通过本项目的学习,姚石将学会:速卖通平台操作流程;如何回复询盘及询盘技巧;如何操作国际支付宝;如何处理纠纷等技能。

【任务布置】

1. 平台认证。
2. 账户设置。
3. 发布产品。
4. 发布产品之平台审核规范。
5. 运费设置。
6. 售后服务与管理。
7. 纠纷处理。

【课上学习任务】

任务 10.1   平台认证

1. 注册认证

1)找到免费注册入口

在电脑搜索框输入全球速卖通网址,进入"卖家频道",单击右上方"立即入驻"进入注册页面,如图 10-1 所示。

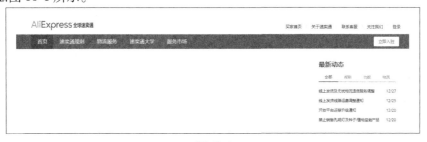

图 10-1

2）进行邮箱注册

依次填写个人信息和公司信息即可创建账户，完成注册。成功免费注册后，如果需要发布产品，还需要完成身份实名认证以及收款账户的设置。

①准确完整地填写表单信息。

②验证邮箱操作。

填写注册表单后，需要完成邮箱认证，以确保邮箱正确和有效。查看邮件正文，单击"点此确认"按钮。

③身份实名认证操作。

此操作是用来确认是否有支付宝账户，并完成速卖通账号实名认证。

2. 注册时的注意事项

为了更顺利地通过注册和认证，在填写注册表单时应注意以下 3 点：

1）填写准确的邮箱地址和手机号码

在速卖通平台的订单等信息都会以邮件的形式发送到注册用的邮箱，所以在注册时务必填写常用且准确的邮箱地址。推荐使用专业邮箱服务器。请填写真实有效的手机号，以保证能收到验证码。

2）填写真实姓名

在注册时务必保证所填写的个人信息准确、真实，以便于订单成交后可以顺利收款。

3）准确填写行业背景和经验信息

请准确填写行业背景和经验信息，这样将获得速卖通量身定制的培养方案，更加有利于卖家成长。

知识链接

阅读材料 10-1

Q1：海外买家的购买心理和习惯是什么？

A：据调查显示，速卖通买家群体主要集中在欧美等发达国家。了解买家的心理有利于我们在沟通过程中把握商机，下面就以美国买家为例，介绍国外买家的购买心理和习惯。

1. 商品质量是关键

美国人最关心的首先是商品的质量，其次是包装，最后才是价格。因此，产品质量的优劣是进入美国市场的关键。在美国市场上，高、中、低档货物差价很大，如一件中高档的西服零售价在 40～50 美元，而低档的则不到 5 美元。商品质量稍有缺陷，就只能放在商店的角落，作减价处理。

2. 商品包装很重要

美国人非常讲究包装，它和商品质量处于平等的地位。因此，出口商品的包装一定要新颖、雅致、美观、大方，能够给人一种舒服、惬意的效果，这样才能吸引买家。

3. 销售旺季在圣诞

每个季节都有一个商品换季的销售高潮，如果错过了销售季节，商品就要削价处理。美国大商场和超级市场的销售季节划分如下：1—5 月为春季；7—9 月为初秋升学期，主要以销售学生用品为主；9—10 月为秋季；11—12 月为假期，即圣诞节时期，这时又是退税季节，人们都趁机添置用品，购买圣诞礼物。美国各地商场此时熙熙攘攘，人流不断，对路商品很快就会销售一空。

4.上网时间不统一

由于美国版图比较大，横跨 3 个时区，所以不同时区的买家上网采购的时间也不同。为了提高卖家发布商品的关注率，卖家应该积极总结，选择一个买家上网采购时间比较集中的时间段来发布产品。

Q2：在平台上出售的商品，标价是美元还是人民币？

A：速卖通上的买家都是来自国外的，所以上传产品的时候需要设置美元价格。海外买家大多是拥有实体店面或网上店面的中小批发商，他们对市场价格的变化非常敏感。因此，建议在定价时，合理地分析自己的商品，结合近期的美元汇率理性定价。

Q3：是否存在关税、报关的问题？

A：速卖通作为第三方贸易平台，主要是小额批发，发货以包裹为主，涉及关税、报关需要的，卖家应联系并咨询物流公司。

任务 10.2　账户设置

1.国际支付宝介绍

1）国际支付宝（Escrow）与国内支付宝（Alipay）的区别

国际支付宝的第三方担保服务是由阿里巴巴国际站同国内支付宝联合支持提供的。全球速卖通平台只是在买家端将国内支付宝改名为国际支付宝。

在使用上，只要有国内支付宝账号，无须再另外申请国际支付宝账户。当用户登录到"My Alibaba"后台（中国供应商会员）或"我的速卖通"后台（普通会员）后，就可以绑定国内支付宝账号来收取货款。

支付宝英文名称的变化对卖家收款影响不大，但是要理解国际支付宝是一种第三方支付担保服务，而不是一种支付工具。对于卖家而言，它的风险控制体系可以保护卖家在交易中免受信用卡盗刷的风险；而且只有当国际支付宝收到了货款，才会通知卖家发货，这样可以避免卖家在交易中使用其他支付方式可能导致的交易欺诈。

2）国际支付宝优势

①多种支付方式：支持信用卡和银行汇款等多种支付方式，目前国际支付宝支持的支付方式有信用卡、T/T 银行汇款。

②安全保障：先收款，后发货，全面保障卖家的交易安全。

③方便快捷：线上支付，直接到账，足不出户，即可完成交易。使用国际支付宝收款无须预交任何款项，速卖通会员只需绑定国内支付宝账号和美元银行账户就可以分别进行人民

币和美元的收款。

④品牌优势:依靠阿里巴巴和支付宝两大品牌,在海外市场潜力巨大。

3)国际支付宝支持的产品运输方式

目前国际支付宝支持 EMS、DHL、UPS、FedEx、TNT、SF、邮政航空包裹 7 种国际运输方式,只要是通过这 7 种运输方式发货的产品,都可以使用国际支付宝进行交易。目前暂时不支持海运。

4)国际支付宝支持的产品交易

目前国际支付宝支持部分产品的小额批发、样品、小单、试单交易,只要产品满足以下条件,即可通过国际支付宝进行交易。

①产品可以通过 EMS、DHL、UPS、FedEx、TNT、SF、邮政航空包裹 7 种运输方式进行发货。

②每笔订单金额小于 10 000 美元(产品总价加上运费的总额)以下的交易。

5)国际支付宝在线交易报关

如果货物申报价值在 600 美元以下,快递公司会进行集中报关。如果货物申报价值超过 600 美元,卖家可提供全套的报关单据,委托快递公司进行代报关。

6)国际支付宝在线交易核销退税

买家使用 Visa 和 Master Card 信用卡支付时,无法进行核销退税。

买家使用 T/T 银行汇款支付时,卖家报关后可以进行核销退税。

2. 收款账户的类型

国际支付宝目前仅支持买家美元支付,卖家可以选择美元和人民币两种收款方式。

买家通过信用卡支付时,根据国际支付渠道的不同,款项会以美元或人民币的形式进入国际支付宝账户,然后分别进行美元提现和人民币提现。

人民币收款账户:买家通过信用卡付款,如果付款方式显示为"信用卡(人民币通道)",国际支付宝会按照买家支付当天的汇率将美元转换成人民币支付到卖家的国内支付宝或银行账户中。(特别提醒:速卖通普通会员的货款将直接支付到国内支付宝账户)

美元收款账户:买家通过信用卡付款,如果付款方式显示为"信用卡(美元通道)",则卖家的美元收款账户将收到美元。

买家通过 T/T 银行汇款支付时,国际支付宝将支付美元到卖家的美元收款账户。(特别提醒:只有设置了美元收款账户才能直接收取美元。)

3. 收款账户的设置

了解两个收款账户的基本情况之后,下一步就是对两个账户进行设置。

1)人民币账户设置

第一步:登录全球速卖通,单击"交易"进入"收款账户管理"界面,选择"人民币收款账户"。

第二步:如果没有支付宝账户,可以单击"创建支付宝账户",也可以使用已有的支付宝账号,单击"登录支付宝账户"进行绑定。

第三步:创建或者登录支付宝账户成功后,即完成收款账户的绑定。

①如果以前没有设置支付宝收款账户,可以通过创建或登录支付宝的方式进行绑定,具体操作流程如下:

A. 登录全球速卖通,单击"交易"进入"收款账户管理"界面,选择"人民币收款账户"。如果没有支付宝账户,可以单击"创建支付宝账户";也可以使用已有的支付宝账号,单击"登录支付宝账户"进行设置,如图 10-2 所示。

图 10-2

B. 登录支付宝账户,如图 10-3 所示。

图 10-3

依次填写"支付宝账户姓名""登录密码""校验码"等必填项,填写完毕后单击"登录"。登录成功后,即完成收款账户的绑定,也可以对收款账户进行编辑,如图 10-4 所示。

图 10-4

C.如果还没有支付宝账户,可以单击"创建支付宝账户",填写相应信息,完成支付宝注册。输入注册信息时,请按照页面中的要求如实填写,否则会导致支付宝账户无法正常使用。单击"填写全部"可以补全信息。

②如果之前已经设置过支付宝收款账户,具体操作流程如下:

A.登录全球速卖通,单击"交易"进入"收款账户管理"界面,选择"人民币收款账户"。

B.因为已经设置过支付宝收款账户,请直接单击"确认为收款账户",将支付宝账户作为收款账户,如图10-5所示。

图 10-5

C.单击"确认为收款账户"后,支付宝即作为收款账户,如图10-6所示。

图 10-6

③如果需要修改已绑定的支付宝收款账户,具体操作流程如下:

A.创建收款账户之后选择修改账户。

B.在"收款账户管理"页面,单击"编辑"按钮,即提示登录支付宝账户,输入新的支付宝账户号码,如图10-7所示。

图 10-7

C. 单击"登录支付宝",显示登录支付宝界面,依次填写"支付宝账户姓名""登录密码"
"校验码"等必填项,填写完毕后单击"登录"。登录成功后,显示如图 10-8 所示的界面。

图 10-8

同时填写账户修改申请表,公司法人签字盖章后邮寄至阿里巴巴。阿里巴巴工作人员
会在收到邮寄资料之后的 2 个工作日内完成审核。

注:在速卖通交易完成之后,速卖通会把资金放款到国际支付宝账户中,卖家在设置好
国际支付宝之后,才可以进行提现操作。

2)支付到放款流程

如果已经设置了人民币收款账户与美元收款账户,那么平台将会根据买家不同的支付
方式,分别放款到不同账户中,具体流程如图 10-9 所示。

图 10-9

买家选择信用卡(人民币通道)的方式进行付款,款项会汇入阿里巴巴的担保账户,在买
家确认收货并同意放款后,物流信息显示妥投。该交易达到放款条件以后,订单款项将会放
款到支付宝账户(人民币收款账户)中,具体流程如图 10-10 所示。

图 10-10

在买家选择信用卡(美元通道)、西联、Money Bookers、Bank Transfer、Qiwi 等支付方式

后,款项会汇入阿里巴巴的担保账户。在买家确认收货并同意放款后,物流信息显示妥投。该交易达到放款条件后,订单款项将会放款到美元账户中。

注意事项。

①不要设置相同的查询密码和交易密码。

②请款:在订单满足放款条件后,可以单击"请求放款"操作,加快资金的回笼速度。

③满足放款的两个必要条件:买家确认收货或者确认收货超时,物流妥投。

④订单符合条件后,可以单击"请求放款",上传凭证,进行请款。

⑤交易过程中请求放款:如果请款失败,需要15天之后才能再次提交请求放款。

⑥支付宝收款账户建立后不能删除:设置支付宝账户是为了收到订单款项,如果没有支付宝账户,就无法收到订单款项,所以收款账户一旦设置,就不能够删除。

全球速卖通就提供的交易服务收取服务费,但只在交易完成后对卖家收取,买家不需支付任何费用。全球速卖通对卖家的每笔订单金额收取5%的服务费。

4. 支付宝卖家保护指南

为了保护全球速卖通平台买卖双方交易的合法权益,速卖通特别推出《支付宝卖家保护指南》。当买家投诉货物没有收到或者收到货物与描述不符时,《支付宝卖家保护指南》可以协助和保护卖家在最短时间里解决纠纷。

1)关于支付宝卖家保护

国际支付宝保护全球速卖通的卖家在全球速卖通平台上合法进行的交易。支付宝的卖家保护主要包括以下方面:

①支付宝通过先收款、后发货的交易模式对卖家进行保护。

②遭遇交易纠纷时,支付宝的卖家保护指南帮助卖家有效解决纠纷。

③支付宝的风险控制系统可以有效排除可疑订单,防止买家欺诈。

2)支付宝卖家保护的范围

①支付宝卖家保护,只保护合法卖家在全球速卖通平台上使用支付宝进行的交易,若不使用支付宝将不能享受支付宝卖家保护。

②支付宝卖家保护,只保护合法卖家发布的不违反交易平台禁售限售规则的交易产品。

知识链接

阅读材料10-2

Q1:在买家提交纠纷后,我该怎么办?

A:买家向平台提交纠纷后,平台会尽快联系您。您需要积极主动地提供相应证据,可能包括但不限于"运单号""货物底单""物流妥投证明""买卖双方交谈记录"截屏。详细的证据有助于平台站在有助于卖家的立场上解决问题。

Q2:如果我申诉成功,会怎么处理?

A:如果您申诉成功,平台会针对货物的实际情况,协调双方对您进行全额退款或者部分退款/退货处理。

Q3:买家提出"未收到货物"纠纷时,如果货物仍在途中,该如何处理?

A:这时您应该积极主动地同买家沟通,告诉他货物仍在途中,希望他耐心等待并且向平台申请"撤销纠纷",平台上很多纠纷的产生就是买卖双方沟通不畅导致的。如果买家撤销了投诉,等到物流妥投,买家确认收货后,平台就会全额放款给您。

Q4:我提供了正确的运单号,但是货物在运输途中丢失了,该如何处理?

A:您需要积极联系物流公司或者货代公司,确认货物目前状态;同时,您可以主动同买家沟通,尽量让买家耐心等待一段时间。若确认货物系物流公司在运输途中遗失,平台会将钱退回给买家,您需要向物流公司提出索赔。

Q5:要确保买家满意,我应该做些什么?

①发布详细的产品描述,在产品描述中描述清楚货物的状况,如是否是二手货物、货物是否有瑕疵,不夸大货物功能,提供清晰的产品图片。

②发货后尽快向平台提交货物的订单号,确保买家能对货物进行跟踪。

③积极主动地同买家沟通,让买家在整个交易过程中感觉到您的真诚和耐心。很多纠纷通过沟通都可以得到避免。

任务 10.3　发布产品

产品是由文字和图片组成的。一个好的产品信息,能够更好地提升产品的可成交率,加快买家下单的速度。因此,一个好的产品描述应该做到标题专业、图片丰富、描述详尽、属性完整、价格合理、免运费和备货及时等。

1.发布产品的条件

有适合在速卖通销售的产品。

有速卖通账号,并且已经完成账号的身份实名认证。未完成身份实名认证的账号,发布的产品无法进入审核阶段。

2.发布产品的步骤

1)发布产品的重要步骤

①选择正确的产品类目。

②真实准确地填写信息,包括标题、产品属性和详细信息。

③设置合理的运费模板和产品价格。

2)注意事项

①类目准确,方便买家找到商品。

②标题精准简练,利于买家搜索。

③灵活运用运费模板,可更好地降低商品成本。

3)速卖通发布产品的具体步骤

(1)登录速卖通账号

单击左侧的"发布产品"按钮,进入产品发布页面,如图 10-11 所示。

图 10-11

（2）类目选择

请注意一定要根据自己产品所属的实际类目进行选择，方便买家更加快速地找到产品，如图 10-12 所示。

图 10-12

（3）产品基本属性的填写

产品属性包含两个方面：系统定义的属性和自定义属性。

①产品属性是买家选择商品的重要依据。卖家应详细、准确地填写系统定义的属性（图 10-13）和自定义属性（图 10-14），增加曝光机会。

图 10-13

图 10-14

②自定义属性的填写可以补充系统定义属性以外的信息,让买家对产品了解得更加全面。

产品属性的内容包含4个方面。

A. 标题填写。

产品标题是买家搜索到商品,并吸引买家点击进入商品详情页面的重要因素。字数不应太多,要尽量准确、完整、简洁。一个好的标题应包含产品的名称、核心词和重要属性。

例如:Baby Girl amice blouse Pink amice Coat With Black Lace/Suit Must Have Age Baby: 1-6 Month Sample Support。

注意:请不要在标题中罗列、堆砌相同意思的词,否则会被判定为标题堆砌。

B. 产品图片设置。

在选择产品图片时,可以选择发布多图产品。多图产品的图片能够全方位、多角度地展示商品,大大提高买家对商品的兴趣。建议上传不同角度的商品图片,多图产品最多可以展示6张图片,如图 10-15 所示。

图 10-15

C. 同一款产品不同属性的设置。

同一款产品,因为颜色不同,产品的价格也会不同,所备的库存也是不同的,可以分别进行设置,如图 10-16 所示。

a. 针对不同颜色进行设置价格时,一定要注意产品是按照打包进行销售的还是单个销售的。

b. 对于每个颜色的产品,可以上传本产品的缩略图,也可以选择系统定义的色卡。

c. 对于同一款产品,不同颜色的可以按照每种不同的颜色设置是否有库存。

图 10-16

D. 产品的详细描述和简要描述。

产品的详细描述是让买家全方面了解商品并决定下单的重要因素,不要将产品标题复制到简要描述中。优秀的产品描述能增强买家的购买欲望,加快买家的下单速度。

(4)合理的包装设置

在填写包装设置时,一定要准确填写产品包装后的重量和体积,因为这会直接跟运费价格相关,如图 10-17 所示。

图 10-17

(5)合理的运费设置

合理的运费设置,可以降低产品的成本。因此在设置之前,一定要先跟物流公司确认好物流的价格和折扣,然后再确定运费。目前有两种方式可供选择。

①直接选择完整提供的新手运费模板:后期可以选择采用速卖通合作的物流服务商或者自己联系货代公司发货,如图 10-18 所示。

图 10-18

②自定义运费模板：根据自己的经验和与快递公司协商好的物流折扣，设置合理的运输方式及价格，如图 10-19 所示。

图 10-19

（6）其他信息

①选择正确的产品分组：方便买家在店铺中查找产品，同时也便于后期对产品进行管理。

②产品有效期：指产品在审核成功后展示的时间，如图 10-20 所示。

图 10-20

在编辑完产品之后，单击"提交"，就可以看到产品进入审核阶段，24 小时后可以确认一下产品的审核情况。审核通过后，买家就可以找到产品。

3. 发布一个优质产品的关键因素

通过对海外买家进行调研、成交数据的建模分析、热销产品的回归验证，信息显示优质的产品成交性更强，更容易获得买家的青睐。

优质产品共同的特点包括标题专业、图片丰富、描述详尽、属性完整、价格分级、免运费和备货及时等。

1）标题专业

优质的产品标题应该包含买家最关注的产品属性，能够突出产品的卖点。

①产品的关键信息以及销售的亮点。

②销售方式及提供的特色服务。

③买家可能搜索到的关键词一般为：物流运费+服务+销售方式+产品材质/特点+产品名称。

优秀标题范例如图 10-21 和图 10-22 所示。

| Guaranteed 100% Genuine Leather Handbags 88120 ,Designer Handbags+ Free Custom Logo+Free shipping | Free shipping(12pieces) NEW 100% cotton men's underwear wholesale and retail |

图 10-21

图 10-22

小结：一个好的标题可以包含产品的名称、核心词和重要属性。

例如：Baby Girl amice blouse Pink amice Coat With Black Lace/Suit Must Have Age Baby：1-6 Month Sample Support。

标题可以包含以下要素：

产品名+热门词+亮点特征+基本属性+蓝海词+长尾词+材质+款式+颜色+产品编号。

常用词：new arrival、free shipping、wholesales、promotion。

特性词：hot、fashion、designer、cheap、2018、men、women、kids。

2）图片丰富

"好图胜千言"，在进入产品详情页面时，产品图片是买家首要关注的信息。清晰、丰富、全方位的图片，既能吸引买家眼球，又能突出产品特征，体现卖家的专业程度。

在上传商品图片的时候，需要在"产品详细描述模板"上传 5 张及以上的产品图片，多角度、全方位地展示产品，以提高买家对产品的兴趣。

产品图片有静态和动态两种，静态的只能放一张图片，动态的最多可以放 6 张图片，如图 10-15 所示。

3）属性完整

采购需求明确的买家在对关键字进行搜索之后，还会根据某些属性进一步筛选。只有对应属性的产品，才会在买家点击筛选条件后出现。

详细、准确地填写系统定义属性和自定义产品属性，可以方便买家更精准地搜索到产品，增加曝光机会。通过对成交数据的分析，大部分成交较多的卖家，不仅填全了系统提供的属性，同时也主动添加了许多买家关注的产品属性，如图 10-23 所示。

假设一个买家想要购买一件真丝婚纱，那么买家搜索"wedding dress"之后，会选择左边导航栏的面料筛选条件，选择 100% silk 这个属性，那么结果页面就会出现支持这个属性的相关产品。如果您的产品是真丝婚纱，但是在发布的时候，没有填写相应的属性，那么就会失去相应的曝光机会。

4）描述详尽

产品的详细描述是让买家全方面了解产品并形成下单意向的重要因素。一个优秀的产品描述能够打消买家对于网上购物的不信任感，给买家一个非常专业的印象。

成交产品的详细描述大都包含以下几个方面：

图 10-23

①产品重要的指标参数、功能描述。

②5 张及以上详细描述图片。

③服装类产品建议描述材质选择、颜色选择、测量方法,电子、工具、玩具类的产品还可以增加使用方法。

④支持的物流、运输方式等。

⑤售后赔付规则。

⑥其他一些重要的服务内容(公司实力介绍、促销礼品等)。

一个好的详细描述主要包含以下几个方面:

A. 商品重要的指标参数和功能(如服装的尺码表、电子产品的型号及配置参数)。

B. 5 张及以上详细描述图片。

C. 售后服务条款。

5)价格分级

产品定价的关键不仅仅在于价位高低,而是要准确、适度,精准地把握到海外买家的心理预期。

设置不同的价格区间,形成梯度价格。一方面能有针对性地满足不同层次的买家需求,另一方面也能利用价格差,吸引买家产生更多购买行为。根据对成交产品的数据建模分析,绝大多数的成交产品都设置了 4 个及以上的价格区间,如图 10-24 和图 10-25 所示。

产品价格优化技巧。

①产品规格:此项为选填项,如 MP4 产品的内存有 2 G、4 G 等选项,可在产品规格中填写"MP4 2G"。

②供应商价:指的是产品实际的销售价格,由卖家填写。此数目为卖家最后收到货款的数目。

③网上售价:指的是买家所看到的价格,是系统根据供应商价自动计算出来的。

④交货时间:买家成功下单后,卖家执行订单至成功发货期间的天数。此项由卖家自定义,这里不含物流公司的运输时间(交货期限只能填写 3 ~ 60 天)。

如果同一产品有不同的规格,也可以针对不同的规格在不同的数量区间设置各自的价格和交货期。

　　总之,产品的起订量设置不宜过大,过大会让一些想测试订单的买家或个人消费者无法进行交易,降低成交概率。另外,建议多设计几个价位区间,让价格和采购量尽可能满足多层次客户的需求,而且不同区间的价位尽量形成明显的差距,这样能鼓励客户多买。

　　6)备货及时

　　在交货时间方面,在线交易的买家都更青睐于能在较短的时间获得购买的产品,因此越短的交货时间越能获得买家的关注。买家的常规最小订单金额在 1 000 美元以下,而心理预期的交货时间一般是在 7 天以内。查看买家的好评留言内容,可以发现绝大部分的买家都对能快速收到货物表示较为满意。

　　基本上绝大部分的热卖产品第 1 采购量区间的交易时间都不超过 3 天,如图 10-24 和图 10-25 所示。这与对海外买家调研得出的买家心理预期值是不谋而合的,这也正是淘宝等国内零售网站,都有一天发货、闪电发货等促销形式的原因。

　　发布页面:

图 10-24

热卖产品展示实例:

图 10-25

　　7)免运费

　　将物流运费合理添加到产品价格中,设置成"free shipping"(免运费),是在线交易常用的一种促销方式。80%的海外买家习惯通过搜索"free shipping"来挑选产品。

　　"Free shipping"占买家全部搜索词的第六位,占属性类词汇的第一位。绝大多数的成交产品也都是免运费产品。

免运费产品还有独特的标志,更容易被买家识别;同时,平台还支持买家对免运费产品的筛选,如图 10-26 所示。

特别标志:

图 10-26

4. 产品包装

产品包装后的重量要如实填写。产品包装后的尺寸,如果是纸箱包装,按箱规填写;如果是快递袋包装的,建议不要直接按量出的长、宽、高填写(最长边不要超过该运输方式的规定长度),这样容易被速卖通平台算成抛货,致使显示出来的运费价格高于实际重量算出的价格。

1)产品包装技巧

好的包装是促销成功的一半,做好产品的包装,可以减少产品因运输途中所产生的损坏造成的损失。

(1)包装步骤

①包装。

如果有多件物品,要把每件物品分开放置,为每件物品准备充足的缓冲材料(泡沫板、泡沫颗粒、泡沫皱纹纸)。需要注意的是颗粒缓冲材料可能会在运输过程中移动,所以采用颗粒材料一定要压紧、压实。

②打包。

使用新箱子,并使用缓冲材料把空隙填满,但不要让箱子鼓起来。如果是旧箱子,要把以前的标签移除,而且一个旧箱子的承重力是不及新箱子的,需要确保它足够坚固。

③封装。

最后用宽大的胶带(封箱带)来封装,不要用玻璃胶,再用封箱带把包装拉紧(封箱带用十字交叉的方法拉紧,如果是胶带至少应有 6 厘米宽)。

2)包装箱的选择

常用的货物包装材料有纸箱、泡沫箱、牛皮纸、文件袋、编织袋、自封袋、无纺布袋等。

常用的包装辅材有封箱胶带、不干胶、气泡膜、珍珠棉等,其中以纸箱包装最为常用。

按纸板的制作规格,纸箱(瓦楞板)可以分为三、五、七层纸箱,纸箱的强度以三层最弱、七层最高。服装等不怕压、不易碎的产品,一般用三层箱;玻璃、数码产品、电路板等贵重物品,最好用五层箱再配以气泡膜,以确保产品在运输途中的安全性。

同样大小的箱子,天地盒、啤盒的价格要高于普箱。因为其用料较多,侧面一般为二层纸板,故强度、密封性也高于普箱。普箱方便、便宜、环保,使得其应用范围最广。

选购纸箱时最好是根据产品特征、买家要求,同时结合成本投入综合考虑。虽然强度高的纸箱安全性更高,但是成本也会更高,还会增加物流费用。卖家也可以定制自己的专用包装纸箱,印上公司的 Logo 等信息。这样可以让产品在物流全程中吸引更多买家,同时传播商品品牌。

3)EMS 发货包装优化技巧

EMS 运费计算公式:

$$首重运费+[重量(千克)×2-1]×续重运费$$

EMS 运费计算标准以每 0.5 千克为一个计费质量单位,每增加 0.5 千克为一个续重,每包货物的质量不能超过 30 千克。

例如:5 千克货品按首重 150 元、续重 30 元计算,则运费总额为:150 元+(5×2-1)×30=420 元。

4)产品包装信息优化技巧

可以选择产品的最小计量单位和产品的销售方式(零售或打包销售)等信息。

①最小计量单位。即单个产品的计量单位。多数产品可选择“件”即“piece”作为单位,也可选择“套”即“set”等其他计量单位。

②销售方式。根据产品价值和质量等,可选择“单件出售”或“打包出售”商品。一般而言,产品单价较高,质量和体积较大的产品适合单件卖;而产品单价较低,质量和体积较小的产品(例如戒指、手表等)适合成套或多个组合销售。

③产品包装尺寸。产品包装尺寸要求卖家填写的是物品发货时包裹的实际尺寸(物品加上快递包装物后的尺寸),请准确填写长、宽和高,产品包装尺寸会影响到产品的运费成本,因为这个尺寸的资料是平台计算运费的依据之一。

④在填写包装尺寸的过程中最容易犯的错误是,填写产品的实际尺寸(打包销售的卖家容易填写成单品的实际尺寸),或者是乱填尺寸,这样会导致以下情况的出现。

A. 计算出来的运费比实际需要的运费高,这将降低卖家商品成交的可能性。

B. 算出来的运费比实际需要的运费低,这将造成卖家运费出现缺口,可能导致亏本或者退单。

⑤产品包装毛重。准确填写产品包装后的重量,该重量会影响到产品的运费成本。

特别提醒。

A. 快递包装限制(此限制适用于绝大部分快递公司)。

B. 每件包裹的重量上限为 68 千克;每件包裹的长度上限为 270 厘米。

C. 每件包裹最大尺寸:长+长度以外的最大横周为 330 厘米。

D. 每批货件总重量与包裹件数无限制。

由于某些国家或地区有不同的当地限制,因此会有一些差异,对此,应联系承运商以获取更多详细信息。

5)国际快递运输包装要求

(1)包装原则

①适合运输。包装的目的在于防止和避免在运输中由于冲击或震动所产生的破损,兼顾防潮和防盗功能。

②便于装卸。完好的包装将有利于货物的装卸,将有效提高货物的装卸效率,同时能够避免第三方的野蛮装卸可能给货物带来的损害。

③适度包装。对货物进行包装时,要根据货物尺寸、重量和运输特性选用大小合适的包装箱及包装填充物,要尽量避免不足包装造成的货物破损和过度包装造成的包材浪费。

④保护产品、防盗。包装在保证快件内容的使用特性和外观特性不被损坏的情况下,更要注意防盗——特别是对于高价值货物的包装。

⑤包装件成一体。外包装要和快件的保护材料、缓冲材料和内容物成为一体,内容物之间(一个外包装内含有多个内容物时)或内容物与外包装内壁之间不应有摩擦、碰撞和挤压。

⑥注意方向。对于有放置方向要求的货物,在包装、储存和运输过程中必须保证按照外包装上的箭头标志正确放置货物,杜绝侧放和倒放。

⑦重心中心合一。包装件的重心和其几何中心应该合一或比较接近,这样可以防止货物在运输过程中受到损伤。

(2)不恰当的包装方式

①连体包装。以带子、绳索、胶带或气泡膜将两个相同或不同大小商品连体包装,可根据实际情况确定是否更换包装,如松弛、易分离等情况,应予以更换。

②内件无定位包装。内件在包装内有明显滚动声(无类似破损声音),需附加缓冲防震材料或更换更加合适的包装箱。

③内件无内装保护。内件有锋利角部的物品如零件等,要先用胶带将瓦楞纸板片绑到所有锋利或凸起的边缘以进行保护,并在包装内填充足够的缓冲防震材料。

④内件无分隔。多件易碎品装入同一个包装中采取相应的分隔措施。

⑤包装重心。货物笨重,重心明显偏向一边或货物包装经积压或原始近圆形,则易滚动,需更换包装。

⑥重货包装强度不够。重货必须选择强度达到要求的单层或双层瓦楞纸箱进行包装。

⑦没有内包装的小件物品。内件为手表、读卡器、纽扣、螺丝等小件物品时,必须首先按一定量分隔独立包装后,再外套包装箱,以免遗漏丢失。

⑧超出原包装箱容量的包装,对原包装箱进行裁剪、附加以使用商品包装的情况,为免货物撑破包装,将视内件和外包装情况,更换新的外包装。

⑨商品包装与运输包装较紧密。应在商品包装与运输包装之间填充缓冲材料,以免物流供应商或海关查验时划伤内件。

⑩电子产品必须使用纸板箱作为外包装。

（3）不恰当的包装材料

①使用带子、绳索或胶带进行缠绕的商品包装。拆除带子、绳索，附加气泡膜、包装箱等。

②重复使用的盒子或箱子。必须去除包装外侧所有标签、号码、地址信息及一切有可能影响操作人员识别的粘贴物品和信息。

③易破损的材料。如保丽龙、塑料、编织袋等。

④公文包、行李袋、行李箱等。不接受公文包、行李袋作为外包装的货物。

⑤强度不足的包装。不接受使用有压垮痕迹、有破洞及有油渍、水渍等使用过的箱子（不影响签收）对货物进行包装，以及受潮或强度不够的瓦楞纸箱。

⑥商品包装。商品包装不能直接作为运输包装。

⑦打包带。使用不带铁箍的打包带，以免入库时需拆箱去除；非重货无须附加。

⑧木质包装。此类货物如异常，拆箱后无法还原，需确认去除、无须拆箱并提供必要的证明等。

⑨任何报纸杂志、宣传海报等不能作为外包装。

（4）其他信息

①选择正确的产品分组，方便后期买家在商家店铺中查找产品，同时也便于后期对产品的管理。

②产品有效期，指产品在审核成功后展示的时间。

【实训操作】

写出商品发布的主要流程。

任务 10.4　发布产品之平台审核规范

1.商品审核、修改和下架

1）商品审核

产品信息提交成功后，网站工作人员会对商品信息进行审核。如果符合信息发布规则的要求，发布的产品会在一个工作日之内审核完成，高峰期顺延。

可以单击"产品管理"→"管理产品"，在"正在销售"状态栏下查看和编辑已通过审核的产品。

2）商品修改

登录"My Aliexpress"，单击"产品管理"→"管理产品"，选择要修改的商品，单击"编辑"进入编辑页面；修改信息之后，单击"提交"按钮，进入等待审核阶段。

3）商品下架

产品有效期分为 14 天、30 天,过了有效期的产品将从"正在销售"转为"已下架"状态。卖家可以在"已下架"状态栏下查看下架产品,也可以将已下架产品重新上架。

2. 产品信息审核规范

①根据相关法律、法规,任何涉嫌禁止销售、涉嫌侵权及假冒的信息(除非提供相关合法授权证明)。

②任何非英文的信息。

③任何错误的信息类型。如求购信息与销售信息不能混淆。

④任何非商业的信息。如单纯的工厂、车间展示、求职、征婚、投诉、求医等。

⑤图文不符。产品图片、标题、关键词等文字信息要保持一致,阿里巴巴不允许图文不符的信息发布。

⑥联系信息。为保护卖家的权益,阿里巴巴不允许在产品信息中发布任何的电子邮箱或 QQ、ICQ、Skype、MSN 等即时通信工具信息。

⑦信息过于简单。简单的商品信息,不利于被买家搜索到,阿里巴巴会退回太过简单的信息。

⑧无效信息。

⑨不合适的类目。

⑩外网的链接。

⑪重复发布相同的产品信息。

3. 产品名称审核规范

①产品名称请务必包含产品的关键词,避免单独使用自己公司内部的型号、系列和其他自创的名称作为产品名称。

②产品名称需与图片展示一致,请勿填写图片中未展示的产品名称。

③避免单词拼写错误。

④任何国家法律法规禁止销售的产品或者限制销售的产品(如侵权信息等,除非提供相关合法授权证明)。

⑤避免任何的电子邮箱或 QQ、ICQ、Skype、MSN 等即时通信工具信息。

4. 产品关键词审核规范

1）会保留的关键词

①准确的产品名称。

②产品名称的同义词、别称、全称或简称。

③初级产品名,如 apple,可以用"fruit"作为关键词。

2）平台有权退回的关键词

①产品名称中未体现的产品。

②部件与整体混淆的关键词。如 car，不允许用"car tire""car door"等部件做关键词。

③材料与成品混淆的关键词。如 pvc bag，不允许用"pvc"做关键词。

④玩具、模型与真实产品混淆的关键词。如卖玩具 car，不允许用"car"做关键词。

⑤任何会关联到其他产品的修饰语。如 laptop bag 不能用"laptop"做关键词。

⑥单词拼写错误。

⑦任何的电子邮箱或 QQ、ICQ、Skype、MSN 等即时通信工具信息。

⑧任何国家法律法规禁止销售的产品或者限制销售的产品，如侵权信息等，除非提供相关合法授权证明。

5. 产品类目审核规范

审慎选择类目，以确保类目与产品一致。

6. 产品图片审核规范

产品图片出现以下任一情况，平台有权对产品信息作退回处理：

①任何国家法律法规禁止销售的产品或者限制销售的产品（如侵权信息等，除非提供相关合法授权证明）。

②任何的电子邮箱或 QQ、ico、Skype、MSN 等即时通信工具信息。

③与文字信息不符。

7. 产品组、产品说明审核规范

产品组或产品说明中出现任何的电子邮箱或 QQ、ICQ、Skype、MSN 等即时通信工具信息，速卖通有权对产品说明中的联系方式进行删除。

［案例］关于 Bodysuits 类目下标题误写 Romper 的产品。

为了给买家一个良好的搜索体验，平台后续会在标题滥用的规则中加入一条：如果在 Bodysuits 类目下，标题出现 Romper，则判为标题滥用。

通常情况下速卖通产品审核会在 72 个小时之内完成审核，如遇周末、节假日等特殊情况会适当延长。

【实训操作】

请同学们分组讨论一件产品（如戒指）的发布步骤。

知识链接

产品关键词查询工具。

如何更好地撰写标题的关键词？国外到底什么产品好卖？某类产品最大的需求群体应该是哪些国家？下面介绍一些有用的外贸工具，如图 10-27 所示。

图 10-27

1. 产品趋势查询工具(Google Trends):可以查询产品关键字的海外搜索量排序,产品在不同地区、季节的热度分布及趋势。下面的例子可以看出 LED Bulbs 处于稳定上升趋势,且每年第四季度是销售热季,如图 10-28 所示。

图 10-28

2. 产品关键词工具(Google adwords):可以查询关键字和相关关键词的海外搜索量,找到热卖的产品或更好地为自己的相关产品撰写关键词,如图 10-29 所示。

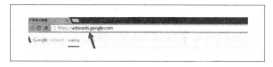

图 10-29

3. 热销产品查看工具(Watcheditem):方便查看美国 eBay 各级类目下热卖的商品。

4. 热销产品查看工具(Watchcount):查看 eBay 各国站点,关注度最高的商品。

任务 10.5 运费设置

1. 各大快递运输方式比较

各大快递运输方式比较结果，如表 10-1 所示。

表 10-1

国际物流方式	简介	运费	货运时间	货运查询	适用产品	运费计算	燃油附加费
EMS	全球只有 60 多个国家可以直接到达，主要强项在东南亚地区和欧洲地区，出关能力较强，通关能力较弱	一般	5~8 天	可查询	对货运时间要求不高、货物体积较大、注重运费成本的产品	只计算产品包装后的实重	无
UPS	世界较大的快递公司，强项在美洲线路、日本线路	贵	2~5 天	可查询	货物价格较高，对货运时间有要求，追求质量和服务的产品	实重和体积取较高者	每月更新
DHL	欧洲最大的快递公司，在欧洲地区和西亚地区、中东地区有绝对优势						
Fedex	在东南亚地区价格、速度最有优势，在美国、加拿大也比较有优势						
TNT	荷兰最大的快递公司，在西欧国家具有较强的清关能力						
Hong Kong Post（香港邮政航空包裹）	通过中国香港邮政或中国邮政将货物发往国外。到达买家所在国家之后，通过当地的邮政系统送达买家手中	便宜	7~14 天	需挂号	对运费成本较敏感，对货运时间要求不高，货物价格较低，体积较大的产品。建议货值在 80~100 美元以下的产品使用	只考虑产品包装后的实重	无
China Post（中国邮政航空包裹）							

续表

国际物流方式	简介	运费	货运时间	货运查询	适用产品	运费计算	燃油附加费
顺丰	顺丰速运(集团)有限公司于1993年成立,总部设在深圳,主要经营国内、国际快递及相关业务	一般	2~3天	可查询	发往韩国、新加坡的产品	如快件算出来的体积重量大于实际重量,将会按体积重量计算运费	新加坡、韩国无

1)各大快递运输方式优缺点

(1)国际EMS:一般需要7~14个工作日

①优点:运费比较便宜,一般找货代都可以拿到至少5折的优惠,EMS直达国家都是按照重量计算运费。自2012年7月1日起,EMS线上发货针对邮件长、宽、高三边中任一单边达到60厘米以上(包含60厘米的,都需要计体积重量操作)。长、宽、高测量值精确到厘米,厘米以下去零取整。500克以下的物品可以按文件价格计算。可以当天收货,当天操作,当天上网,清关能力比较强。能运送出关的物品也比较多,其他公司限制运行的物品它都能运送,如化妆品、箱、服装、鞋子、各种礼品以及各种特殊商品等。

②缺点:相比于商业快递速度偏慢。查询网站信息滞后、通达国家较少,一旦出现问题,查询只能做书面查询、时间较长。

(2)UPS:一般2~4个工作日可送达

①优点:速度快、服务好,去美国的话,差不多48个小时能到达,货物可送达全球200多个国家和地区,查询网站信息更新快。

②缺点:运费较贵,要计算产品包装后的体积重量,对托运物品的限制比较严格。

DHL:一般2~4个工作日可送达。

优点:速度快,到欧洲一般3个工作日,到东南亚一般2个工作日。可送达国家网点比较多,查询网站货物状态更新也比较及时,遇到问题解决速度快。21千克以上物品更有单独的大货价格,部分地区大货价格比国际EMS还要便宜。一般通过货代也能拿到5折左右的优惠。

缺点:走小货的话,价格较贵不划算,也需要考虑产品体积重量,对托运物品限制也比较严格,拒收许多特殊商品。

FEDEX:一般2~4个工作日可送达。

优点:到中南美洲地区和欧洲地区的价格较有竞争力,去其他地区的话,运费较贵。网站信息更新快,网络覆盖全,查询响应快。

缺点:折扣比同类快递公司高15%左右,体积重量超过实际重量按体积重量计算,对所运物品限制较多。

TNT:一般2~4个工作日可送达。

优点:速度较快,到西欧地区3个工作日左右。可送达国家比较多,查询网站信息更新快,遇到问题响应及时。

缺点:也需要考虑产品体积重量,对所运货物限制也比较多。

顺丰:一般 2~3 个工作日可送达。

优点:速度较快,到韩国、新加坡无燃油附加费,较适宜发往以上两地的货物。

缺点:需要考虑产品体积重,对所运货物限制也比较多。

中国邮政小包:(China Post Air Mail):一般 15 个工作日可送达。

优点:运费便宜,首重和续重都是 100 克,清关能力强,能邮寄的物品比较多(如化妆品、包、服装、鞋子、各种礼品以及许多特殊商品等),派送网络遍布世界各地。

缺点:限制重量 2 千克,运送时间比较长,到达许多国家的货物状态无法在网站上查询、跟踪。

中国邮政大包(China Post Air Parcel):一般 15 个工作日可送达。

优点:运费便宜,首重和续重都是 1 千克,清关能力强,能邮寄的物品比较多(如化妆品、包、服装、鞋子、各种礼品以及许多特殊商品等),派送网络世界各地都有。

缺点:限制重量 20~30 千克,运送时间比较长,到达许多国家的货物状态无法在网站上查询、跟踪。

香港邮政小包(HK Post Air Mail):一般 7~12 个工作日可送达。

优点:运费便宜,全球统一价,以 10 克为计量单位,一般货代给的价格在 100~130 元/10 克,货物可以到达全球各地,只要有邮局的地方基本上都可以到达。

缺点:限制重量 2 千克,运送时间比较长,到达许多国家的货物状态无法在网站上查询、跟踪。

香港邮政大包(HK Post Air Parcel):一般 7~12 个工作日可送达。

优点:运费便宜,首重和续重都是 0.5 千克,货物可以到达全球各地。

缺点:限制重量 30 千克,运送时间比较长,到达许多国家的货物状态无法在网站上查询跟踪。

2)采用物流方式的原则

①卖家应该为买家所购买的货物做全方位的考虑,包括运费、安全度、运送速度、是否有关税等。

②卖家尽量在满足物品安全度和速度的情况下,为买家选择运费低廉的服务。EMS 时效性要差于其他四大国际快递公司(UPS、DHL、TNT、FedEx),但 EMS 的价格优势非常明显。

③商品运输无须精美的外包装,重点是安全快速地将售出的商品送达买家手中。

④即使拥有再多的经验,也无法估计所有买家的情况,所以把选择权交给买家更为合适,只需要在物品描述中表明所支持的运输方式,再确定一种默认的运输方式,那么如果买家有别的需要自会联系卖家。

⑤有的买家可能适合多种运送方式,卖家可以写出常用的方式及折扣,为买家省去部分运费,也为卖家挣得更多的回头客。

3）各种物流计费方式介绍

如表 10-2 所示。

表 10-2

物流方式		服务介绍及优势线路	计费方式	费用比较	运输时效	平台收货期	货物跟踪	适用产品
商业快递	UPS	世界最大的快递公司,强势线路是美洲和日本	实重和体积重取高者计费,高千克段按单位价格计费。每月更新燃油附加费,有偏远地区附加费等杂费	较贵	2～5 天	23 天	官方网站信息准确可通过参考信息查询	货物价格较高,对运输时效性要求较高,追求质量和服务
	DBL	欧洲最大的快递公司,强势线路是欧洲、西亚和中东						
	FEDEX	美国快递公司,东南亚价格、速度优势明显;美国、加拿大也较有优势						
	TNT	荷兰最大的快递公司;西欧国家清关能力较强						
中国邮政 EMS		邮政渠道的国际特快专递,在各国（地区）邮政、海关、航空等部门均享有优先处理权	EMS 直达国家只按实重计费,无燃邮附加费,无偏远地区附加费,非直达国家取实重和体积重高者计费,有 6% 的燃油附加费	中等	5～8 天	27 天	官方网站	货物体积相对大,比较注重运输成本
邮政包裹	中国邮政航空包裹	通过中国邮政或中国香港邮政将货物发往国外。到达买家所在的国家之后,通过当地的邮政系统送达买家手中	只以产品包装后的实重计费,小包首重和续重都以 100 克计,大包首重和续重都以 1 千克计,无偏远地区附加费,无燃油附加费	较低廉	7～14 天	39 天	挂号后才可以跟踪,出境后许多目的国家无法跟踪,查询的周期很长	对运输成本较敏感,运输时效性要求不高,货物体积较大,货物价值较低
	香港邮政航空包裹							

2. 物流费用的计算方法

国际运费计算方法分7步。

1）计费重量单位

一般以每0.5千克为一个计费重量单位。

2）首重与续重

以第一个0.5千克为首重（或起重），每增加0.5千克为一个续重。通常起重的费用相对续重费用较高。

3）实重与材积

实重，是指需要运输的一批物品包括包装在内的实际总重量。

体积重量或材积，是指当需要寄递的物品体积较大而实重较轻时，因运输工具（飞机、火车、船、汽车等）承载能力及能装载物品的体积所限，需要采取量取物品体积折算成重量作为计算运费的重量的方法。

轻抛物，是指体积重量大于实际重量的物品。

4）计费重量

按实重与体积两者的定义与国际航空货运协会的规定，货物运输过程中计收运费的重量是按整批货物的实际重量和体积重量两者之中较高的一方计算的。

5）包装费

一般情况下，快递公司是免费包装的，提供纸箱、气泡等包装材料，如衣物，不用特别精细的包装就可以。一些贵重、易碎物品，快递公司需要收取一定的包装费用。包装费用一般不计入折扣。

6）通用运费计算公式

①当需寄递物品实重大于材积时，运费计算方法为：

$$运费=首重运费+[重量（千克）\times2-1]\times续重运费$$

例如：5千克货品按首重150元、续重30元计算，则运费总额为：

$$150+(5\times2-1)\times30=420（元）$$

②当需寄递物品实际重量小而体积较大，运费计算方法：运费需按体积标准收取，然后再按上列公式计算运费总额。

FedEx、UPS、DHL、TNT均为规则物品：长（厘米）×宽（厘米）×高（厘米）÷5 000＝重量（千克）；

不规则物品：最长（厘米）×最宽（厘米）×最高（厘米）÷5 000＝重量（千克）。

在实际计算中，如果需要得知EMS直达国家、航空邮政包裹的运费，请输入实际重量进行计算；如果需要得知UPS、DHL、TNT、FedEx. EMS非直达国家的运费，请输入实际重量和体积重量两者之中较高的数值进行计算。

自2012年7月1日起，EMS线上发货针对邮件长、宽、高三边中任一单边达到60厘米以上（包含60厘米）的，都需要进行计体积重操作，体积重量（千克）＝长（厘米）×宽（厘米）×高（厘米）÷6 000＝重量（千克）。长、宽、高测量值精确到厘米，厘米以下去零取整。

③国际快件有时还会加上燃油附加费。

例如,燃油附加费为9%时,还需要在运费计算的结果加上:运费×9%。

中国香港、中国邮政挂号小包运费:一般包括基本运费、处理费、挂号费等。

7)总费用

$$总费用=(运费+燃油附加费)×折扣+包装费用+其他费用$$

案例:某公司想寄21千克普通货包裹从上海到德国,总运费为多少?

答:公司选择某快递公司A,首重260元/0.5千克,续重60元/0.5千克,燃油附加费10%,折扣为8折。计算如下:

$$运费=260+(21×2-1)×60=2720(元)$$
$$总费用=2720×(1+10\%)×80\%=2393.6(元)$$

此外,某些快递公司对部分航线有特殊优惠价。例如,超过21千克时,以一个特定的统一价计费。对于上例,通过这家快递公司可以给到一个每千克60元的价格:

$$对应总费用=21×60×(1+10\%)=1386(元)$$

当然,此种优惠价格,并不是所有公司每条航线都有。详细情况请以具体快递公司报价为准。

一般价格可以直接跟对应快递公司电话确认。基本上各大快递公司的价格相近,但是如果有跟对应快递公司签订相应协议的话,会有比较优惠的协议价格。

3.运费模板的设置

1)运费模板类型

速卖通平台共有3种运费类型:标准运费、物流折扣(减免)及卖家承担运费、自定义运费。

(1)标准运费

平台按照各物流服务提供商给出的官方报价计算运费。决定运费的因素通常包括货物送达地、货物包装重量、货物体积重量。如果卖家为不同的运输方式减免了折扣,平台会将在官方运费的基础上加入折扣因素后计算出的运费值呈现给下单的买家。

物流折扣(减免):在联系货运代理公司时,货运代理公司会给予一定的折扣(折扣的多少视与货运代理公司的协议而定,也可以使用平台上面展示的货代公司),可以将此折扣信息填写在产品的运输折扣内容里,以吸引买家下单。

(2)卖家承担运费

包邮;也可以将运费添加到产品价格中以吸引买家下单。

(3)自定义运费

可以自由选择,对不同的国家设定不同的运费类型,包括标准运费、卖家承担运费或者是自定义运费。一般建议新卖家选择对欧美发达国家发货,以减少货物发往偏远国家造成的偏远运费损失;自定义运费则可以根据自己的买家群分布来定运费,从而吸引自己的主要群体买家。

2)设置运费模板

(1)新增运费模板

第一步,单击"产品管理"→"运费模板"→"新增运费模板",进行模板设置,如图10-30所示。

图 10-30

第二步,为该运费模板设置一个名字(不能输入中文),然后在以下页面选择物流方式、填写货物运达的时间和折扣,如图 10-31 所示。

图 10-31

(2)自定义运费设置

如需要对某种物流方式进行个性化设置,比如对部分国家设置标准运费,对部分国家设置免运费等情况。

①可以在运费模板设置时,选择"自定义运费"→"添加一个运费组合",如图 10-32 所示。

图 10-32

②选择该运费组合包含的国家。可将某些热门国家选为一个组合(如欲吸引美国买家,可选择美国,并将美国地区的运费设置为容易吸引买家下单的水平,如卖家承担运费);或按

照区域选择国家,如图 10-33 所示。

图 10-33

③打钩选择完毕,系统显示:当前已选择××国家/地区,如图 10-34 所示。

图 10-34

④可对该组合内的国家,设置发货类型:标准运费减免折扣、卖家承担运费或者自定义运费。自定义运费的设置如图 10-35 所示。

图 10-35

⑤单击"确认添加"后,可生成一个新的运费组合。此时,可以继续添加运费组合,也可以对已经设置的运费组合进行编辑、删除等操作,如图 10-36 所示。

图 10-36

⑥对于难以查询妥投信息、大小包运输时效差的国家,可以选择"不发货"→"确认添加",即可屏蔽该国家/地区,如图 10-37 所示。

图 10-37

自定义运达时间设置。

A. 如需要对货物运达时间进行个性化设置,可以单击"自定义运达时间"进行操作,如图 10-38 所示。

图 10-38

B. 设置完成后,单击页面下方"确认添加"按钮即可完成自定义运达时间设置,如图 10-39 所示。

图 10-39

C. 当发布产品时,在产品运费模板这里选择"自定义运费模板",单击下拉框选择之前设置的物流模板即可,如图 10-40 所示。

图 10-40

（3）管理运费模板

如果已有的运费模板不符合现在的需要，那么，可以编辑相关的运费模板，单击"产品管理"→"运费模板"→"optionl（具体模板名）"→"编辑"，如图 10-41 所示。

图 10-41

特别提醒：修改运费模板后，所有使用该运费模板的产品的运费将会自动更新。

4. 快速发货

1）卖家发货

①买家付款成功后，进入"等待卖家发货"状态，可以在"交易"→"管理账单"→"进行中的订单"页面中选择"等待卖家发货"查询订单信息。

②卖家可以自己联系货代公司发货，也可以使用速卖通线上发货功能进行发货。在发货页面可以查看剩余的交货时间。

③卖家发货后，需将正确的发货详细信息填写到"发货及物流信息"一栏中，包括"承运方""货运跟踪号""发货状态"等，填写完毕后，单击"提交"即可。

④卖家发货成功并填写发货及物流信息后，订单进入"等待买家收货"阶段，可以在交易"→"管理订单"→"进行中的订单"页面中选择"等待买家收货"查询订单信息。

2）发货时间的计算

（1）发货时间

发货时间是指买家付款成功到卖家完成填写发货通知的时间。在此时间内，卖家需要完成备货、发货操作,并且填写"发货通知"。逾期未填写发货通知,订单将自动关闭并退款给买家。卖家应根据自己的实际情况来设置发货时间,发货期填写范围为 1~60 天。

(2)发货时间计算方法

发货时间是从买家下单付款成功且支付信息审核完成(出现发货按钮)后开始计算。

假设设置的发货时间为 3 天,买家下单付款成功且"发货"按钮出现后,必须在 3 天内填写发货信息(周末和节假日系统会作相应顺延)。若卖家未在发货时间内填写发货信息,系统会关闭订单,货款将全额退还给买家。建议卖家发货后及时在发货期内填写发货信息,否则可能出现货款两失的情况。

(3)如何延长发货时间

①如果买家还未下单,卖家可以修改发货时间。

登录后台,依次单击"我要销售"→"管理在线批发产品"→"正在销售",选中相应的产品信息,单击"编辑",即可对包括"交货时间"在内的该条产品信息进行编辑。编辑完成之后,单击"提交"即可;也可以使用"批量管理产品"工具,批量修改产品的交货时间。

②如果买家已经下单付款,必须由买家在后台进行延长发货时间操作。

买家下单付款之后,买家的订单详情页面即显示为"等待卖家发货的状态"。与此同时,在该订单详情页面,有一个"延长发货时间"的按钮。当买家与卖家沟通达成一致后,须由买家在后台进行延长发货时间操作。延迟发货时间次数不限,但是累计延长的时间上限为90 天。

③如果卖家在交货截止时间之前确认无法发货并及时填写有效的货运信息,应及时和买家作好沟通,在交货截止时间前要求买家延长发货时间。

特别提醒:如果卖家未在交货时间内将货物发出并填写有效货运跟踪号,订单会自动关闭,买家无法进行延长发货时间的操作,订单款项将会退回给买家,这种情况称为"发货超时",属于卖家"成交不卖"行为,该行为在速卖通平台属于违规行为。当判定卖家"成交不卖"后,平台将根据违规的严重程度对卖家进行处罚。

知识链接

速卖通平台开放全球大小包物流方式给卖家带来的风险分析见表10-3。

表 10-3

国家	纠纷风险	风险说明	放款风险	风险说明
可查跟踪和妥投信息的国家	低	买家可以查到物流信息,提出未收到货的纠纷概率很低	低	有妥投信息即可放款
无妥投但有跟踪信息的国家	中	虽无妥投信息但有跟踪信息,降低买家收不到货的风险	高	需要买家确认收货才能放款,未确认收货则需要180天后才能放款
无任何跟踪和妥投信息的国家	高	无任何跟踪和妥投信息,容易引发买家对收不到货的担心而产生纠纷	高	

【实训操作】

1. 某跨境电商企业与加拿大客户成交一笔男士纯棉短袖 T 恤衫订单,包裹总计 2.75 千克,使用 China Post Air Parcel 发往加拿大。查得标准资费首重 137.7 元/千克,续重 72 元/千克,挂号费 8 元/票,运费折扣 9 折,请计算该订单需要花费运费多少元?

2. 5 千克货品按首重 150 元、续重 30 元计算,燃油附加费 10%,折扣 8 折,则运费总额为多少?

任务 10.6　售后服务与管理

1. 评价系统的使用

评价系统的使用包括 4 个方面:评价买家,回复评价,修改评价,投诉违规评价。

1)评价买家

在订单完成后 30 天内,可以对买家进行评价。

操作方法如下:

①登录"AliExpress"。

②单击"交易"标签。

③单击左边栏"管理交易评价"。

④单击"等待我评价"的订单标签,找到需要评价的订单,单击"评价"按钮。

⑤在打开的页面中,给出评价星级,并留下评论,然后单击"提交评价"按钮。

2)回复评价

在评价生效后 30 天内,如果有需要,可以就评价进行一次回复,以进一步说明观点。操作方法如下:

①登录"My Alibaba"。

②单击"交易"标签。

③单击左边栏"管理交易评价"。

④单击"已生效的评价"标签,找到需要回复的评价,单击"回复"按钮。

⑤在打开的页面中,输入回复内容,然后单击"提交"按钮。

3)修改评价

(1)请求买家修改评价

如果认为买家给的评价不公平,那么在评价生效后 1 个月内,可以自主引导买家修改评价,买家可对同一生效评价在生效后 1 个月内修改 1 次。

①注意事项。

A. 买家只能对同一生效评价修改一次,且修改范围为中、差评改为好评。

B. 可以主动与买家沟通并要求买家进行修改。

②买家修改评价操作方法如下：

A. 登录"My AliExpress"。

B. 单击"交易"标签。

C. 单击左边栏"管理交易评价"。

D. 单击"已生效的评价"标签，找到希望买家修改的评价，并联系买家帮助卖家修改。

E. 买家可在自己的后台中修改评价页面，输入修改评价的原因及修改后的评分，提交完成修改。

（2）修改给买家的评价。

在评价生效后1个月内，买家有可能提出修改评价的请求。当买家提出请求后7天之内，可以按照以下步骤进行操作以修改评价。

①登录"My Alibaba"。

②单击"交易"标签。

③单击左边栏"管理交易评价"。

④单击"已生效的评价"页面，找到买家请求修改的评价，单击修改给买家的评价。

⑤在打开的页面中，查看买家要求修改评价的原因。

⑥如果决定修改评价，请在此页面重新给出评价星级，修改评论内容，然后单击"修改评价"。

⑦如果决定目前不修改评价，请直接单击"以后再修改"。

4）投诉违规评价

如果认为收到的某条评价属于违规评价，在评价生效后30天内，可以在系统里向平台提起1次投诉，要求平台移除该评价。平台收到投诉后，会根据提交的理由和证据作出判断，以判定是否移除评价。

（1）可以投诉的评价违规类型如下：

①买家的评论与交易无关，或使用了不当的语言，或披露了私人信息。

②竞争对手恶意评价。

③买家利用中、差评胁迫给予额外的利益。

④其他（须有充足的理由和证据以令平台接受）。

（2）操作方法如下：

①登录"My Alibaba"。

②单击"交易"标签。

③单击左边栏"管理交易评价"。

④单击"已生效的评价"标签，找到要投诉的评价，单击"投诉"。

⑤在打开的页面中，选择投诉的违规类型、补充详情（可选）、上传凭证图片，并单击"提交"按钮。

（3）提交投诉以后，可以随时查看投诉的进展。

①登录"My Alibaba"。

②单击"交易"标签。

③单击左边栏"管理交易评价"。

④单击"查看我的投诉进展"。

2. 售后服务技巧

一般买家满意度高不仅可以给卖家带来额外的交易,还能够影响到产品的排序曝光,会影响其他买家的购买行为以及对卖家的星级和享受到资源也会产生影响。下面从售后与买家及时沟通、发货及物流服务、妥善化解纠纷这 3 方面,介绍关于售后服务的技巧。

1)售后与买家及时沟通

售后的沟通需要注意 4 点。

(1)主动联系买家

买家付款以后,还有发货、物流、收货和评价等诸多环节,卖家需要将发货及物流信息及时告知买家,提醒买家注意收货,出现问题及纠纷时也可以及时妥善处理。

(2)注意沟通的方式

一般情况下,卖家尽量以书面沟通的方式为主,这不仅能让买卖双方的信息交流更加清晰、准确,也能够留下交流的证据,利于后期可能有的纠纷处理。卖家要保持旺旺在线,经常关注收件箱信息,对于买家的询盘要及时回复。否则,买家很容易失去等待的耐心,卖家也很可能错失买家再次购买的机会。

(3)注意沟通时间

由于时差的缘故,在卖家日常工作(北京时间 8:00—17:00)的时候,会发现大部分国外买家的即时通信工具都是离线的。当然,即使国外买家不在线,卖家也可以通过留言联系买家。建议供应商尽量选择买家在线的时候联系,这意味着卖家应该学会在晚上联系国外买家。因为这个时候,买家在线的可能性最大,沟通效果也更好。

(4)学会分析买家

要了解买家所在地的风俗习惯,了解不同国家的语言文化习惯,以便沟通时拉近距离,并且有针对性地对买家进行回复,促进双方沟通的顺利进行。

2)发货及物流服务

做好产品品质、货运品质工作是获得买家好感与信任的前提条件,没有在这些方面打牢基础,再优质的服务也无法将买家转化为忠诚的老买家。买家维护 3 大基础:

(1)发货前要严把产品质量关

①在上传产品的时候,可以根据市场变化调整产品,剔除供货不太稳定、品质无法保证的产品,从源头上控制产品品质。

②在发货前注意产品质检,尽可能避免残次物品的寄出,优良的产品品质是维系客户的前提。

(2)加强把控物流环节

①买家下单后,及时告知买家预计发货及收货时间,及时发货,主动缩短客户购物后等待的时间。

②国际物流的包装不一定要美观,但必须保证牢固,包装一直是买家投诉的重要原因。

对数量较多、数额较大的易碎品可以将包装发货过程拍照或录像,留作纠纷处理时的证据。

③注意产品的规格、数量及配件要与订单上的一致,以防漏发引起纠纷。注意提供包裹中产品的清单,提高卖家的专业度。

(3)物流过程与买家及时沟通

在物流过程中,买家是最想了解产品货运进展的,及时良好的沟通能够提高买家的交易感受,下面是有关3个交易关键点与买家保持沟通的邮件模板。

①在产品发货后,告知买家相关货运信息。

Hello Sir/Madam,

It's a pleasure to tell that the postman have picked up your iterm from our warehouse. It's by EMS, 5-7 working days to arrive.

Tracking number:××××××;

Tracking web:××××××;

You can view its updated shipment on the web, which will be shown in 1-2 business days. Also our after-sale service will keep tracking it and send message to you when there is any delay in shipping.

We warmly welcome your feedback.

温馨提示:告知买家产品已经发货,并给买家一个初步的交易等待时间区间。如果使用小包或碰到物流堵塞的意外,也可以在这封邮件告知买家,让其对产品延迟到达在心理上有所准备。

②货物到达海关后,提醒货运相关进展。

Hello Sir/Madam,

This is ×××, I am sending this message to update the status of your order. The information shows it was handed to customs on Jan. 19. Tracking number:××××××. You can check it from web:×××××××××.

You may get it in the near future 2-3days. Apologize that the shipping is a little slower than usual. Hope it is not a big trouble for you.

Best Wishes.

温馨提示:在产品入关的时候告知客户货物的投递进展。如果遇到货物拥堵情况,对买家表示歉意。如果产品需要报关,可以在此时通知买家提前准备。

③货物到达邮局,提醒买家给予好评。

Hello Sir/Madam,

This is ×××. I am sending this message to update the status of your order. The information shows it is still transferred by Syclney post office. Tracking number:××××××.

Please check the web:××××××.

You will get it soon, please note that package delivery. Hope you will love the product when you get it. If so, please give me a positive feedback. It is important to me. Thank you very much.

Best Wishes!

　　温馨提示:在投递过程中提醒客户注意不要错过投递信息,保持手机开机;同时,可以提醒客户给卖家留评。这样能有效降低坏评出现的可能性,增加买家的好评度。

任务 10.7　纠纷处理

　　速卖通纠纷裁决规则。

　　1. 平台纠纷裁决新规则

　　当纠纷订单同时满足以下 3 个条件时:

　　①买家以"未收到货"发起的纠纷。

　　②订单物流信息不全或不能查询到妥投信息。

　　③使用邮政大小包,且距离发货时间超过 60 天。

　　速卖通平台将认定该笔纠纷订单物流异常(例如丢包等),卖家针对这样的纠纷订单,需在速卖通投诉举报平台给定的响应期内,提供物流妥投信息或买家收到货物的证明。否则,速卖通平台将直接裁定订单全额退款并关闭纠纷订单。

　　在投诉举报平台上的纠纷订单,务必在响应期内提供物流妥投信息或买家收到货物的证明。

　　2. 邮政航空包裹风险

　　①货运周期较长。

　　提示:较长的货运周期将直接影响回款速度。

　　②丢包率较高。

　　提示:丢包将直接导致纠纷产生,可能导致货款两失。

　　③货运追踪信息不全。

　　提示:根据平台放款规则,若追踪不到物流妥投信息,平台将不会自动放款,因此使用航空包裹可能会影响回款速度。

　　卖家在使用邮政航空包裹时,务必评估邮政包裹的风险,避免后期产生回款或纠纷等问题,建议使用商业快递(EMS、DHL、UPS、FedEx、TNT)投递。

参考文献

［1］戴裕崴,孙海梅.国际贸易实务［M］.北京:机械工业出版社,2008.

［2］侯海英,栾红.国际贸易业务实训［M］.北京:经济科学出版社,2007.

［3］王斌义,顾永才.国际贸易实务实训［M］.北京:首都经济贸易大学出版社,2007.

［4］胡俊文.国际贸易实务操作［M］.北京:机械工业出版社,2007.

［5］姜宏.国际贸易实务与综合模拟实训［M］.2 版.北京:清华大学出版社,2012.

［6］中国进口网.进口实务操作指南［M］.北京:中国海关出版社,2008.

［7］卓小苏.国际贸易风险与防范［M］.北京:中国纺织出版社,2007.

［8］童宏祥,张蓓,胡娜.进出口贸易业务——模拟实训与操作指南［M］.上海:上海财经大学出版社,2008.

［9］章安平,王正华.进出口业务操作［M］.北京:高等教育出版社,2009.